무등산일기

글 김선윤, 그림 최진우

ⓒ 최진우, 「무등산전도3」

이 땅 역사에는 광주정신, 호남 정신이 있다고들 말한다. 호남정신이란 목숨을 걸고 정의로움을 추구함, 시대적 소명에 앞장섬, 물염勿染정신을 추구함 등으로 말할 수 있다. 그것이 어떻게 형성되어 온 것인지 다시 한 번 들여다보고자 했다. 무등산에 남아있는 역사의 흔적들은 정자, 사당과 사찰을 비롯한 소박한 건축물들이 대표적이다. 눈 뜨면 개발이라는 이름으로 밀어버리고 부수어 아스팔트 도로와 콘크리트 건물이 도시를 채우고 있다. 그 와중에도 이 시대가 새로 남겨야 할 것에 대해서도 생각해보고, 우주 시대가 오더라도 우리가 가지고 가야 할 정신이 무엇인지 모두 함께 살펴봤으면 좋겠다.

01
|
무등산의
풍경들

02
|
무등산의
사람들

글을 펴내며

어느 날이었던가. 무등산에 '풍암정'이라는 정자가 있다는 기사를 보았다. 고등학교 시절부터 오르내렸던 무등산에 정자가 있다는 얘기는 들어본 적도, 본 적도 없어 놀라웠다. 지도를 들고 찾아 나섰다가 풍암정을 만나고부터 무등산권을 탐방하기로 마음먹었다. 무심코 다니던 길만 다녀 무등산에 관해 아무것도 몰랐던 것을 비로소 알게 되었다. 나는 그동안 무등산을 그저 산을 오르는 대상으로서만 바라봤던 것이고, 여느 산과 크게 다를 바가 없다고 생각한 것이다. 그래서 무등산권을 직접 찾기 시작했다.

한편 여러 정자를 들러보면서 그 속에서 살아왔던 사람들의 이야기들이 단편적으로 흩어져 있음을 알았다. 그래서 역사적 흐름 안에서 서로 이어지는 날줄 같은 사연을 알고 싶어졌다. 산길과 들길을 걸으며 곳곳에 크게 드러나는 유적의 흔적과 사람들의 정신을 좇아 일기처럼 적어 보았다. 역사 속의 어마어마한 사람들의 이야기를 다 안다는 것은 생을 다하기까지 불가하므로, 곳곳에 흔적이나 유적이 크게 드러나 보이는 것들을 시대순으로 서술해보았다.

시간과 사람들이 만든 흔적과 역사를 찾고 배우며, 있는 그대로의 모습을 통해 이 지역 사람들이 소중하게 생각했던 것들이 무엇이었는가를 알아보는 것이 일기의 의미가 될 것이다. 내용은 크게 자연으로서의 의미와 거기서 살다간 사람들의 이야기로서 각각 '무등산의 풍경들'과 '무등산의 사람들'로 나누어 보았다.

자연환경으로 볼 때 무등산 권역은 산악지대인 편이다. 무등산의 북동쪽인 담양군 용면 가마골에서 발원한 영산강이 증암천, 광주천, 황룡강 강물을 합류시키며 광주를 가로질러 흐른다. 함평, 나주, 무안에 이르러 드넓은 평야에 튼실한 생명들을 키우고 있다. 광주는 무등산 품 안에서 성장해 온 도시의 성격이 강하다.

또한, 정치·사회적으로 광주는 그 시대가 필요로 하는 소명에는 절대 물러나지 않고 그 중심에 서서 일관되게 '소임'을 다해왔다.

조선 초기 유교 사회 정착은 사림士林들이 주도했는데 이 지역 인물들로는 사촌沙村 김윤제金允悌·신재新齋 최산두崔山斗·미암眉巖 유희춘柳希春·고봉高峯 기대승奇大升·눌재訥齋 박상朴祥 등이 있다. 조선 중기에는 임진왜란 등 전쟁의 시대를 맞아 국난의 한복판으로 기꺼이 달려갔던 의병장 고경명高敬命, 김덕령金德齡을 비롯한 이 지역 사람들은 외침에 죽음으로 맞섰다. 그리고 동학농민혁명과 일제강점기에는 광주학생 독립운동, 현대사에서는 4·19혁명과 5·18민주화운동을 통해 피를 흘려 시대적 소명을 다했다.

이 땅 역사에는 광주정신, 호남 정신이 있다고들 말한다. 호남정신이란 목숨을 걸고 정의로움을 추구함, 시대적 소명에 앞장섬, 물염勿染정신을 추구함 등으로 말할 수 있다. 그것이 어떻게 형성되어 온 것인지 다시 한 번 들여다보고자 했다. 무등산에 남아있는 역사의 흔적들은 정자, 사당과 사찰을 비롯한 소박한 건축물들이 대표적이다. 눈 뜨면 개발이라는 이름으로 밀어버리고 부수어 아스팔트 도로와 콘크리트 건물이 도시를 채우고 있다. 그 와중에도 이 시대가 새로 남겨야 할 것에 대해서도 생각해보고, 우주 시대가 오더라도 우리가 가지고 가야 할 정신이 무엇인지 모두 함께 살펴봤으면 좋겠다.

전체적으로 가볍지 않은 내용이어서 한 권의 책으로는 부족하지만 여러 인물들을 짧게 등장시킨 것은 이 지역의 큰 흐름을 살펴보자는 취지이니 부족하나마 함께 이야기하는 시간이 되었다면 만족하겠다.

그동안 바쁘다는 핑계로 얼굴을 자주 보지 못했던 친구들과 가족들에게 미안한 마음을 전한다. 그리고 출간하기까지 많은 조언을 아끼지 않으신 상상창작소 봄 김정현 대표님께 진심으로 감사드린다.

2021년 3월 15일
김선윤

무등산의
풍경들

무등산이 품은 풍경들

chapter 1~9

ⓒ 최진우, 「생동하는 무등산」

▲▲ 무등산의 풍경들

무등산은 2013년 국립공원으로 승격되었고 무등산 권역은 2018년 4월 12일 유네스코 지정 세계지질공원이 되었다. 무등산 권역이라 함은 광주광역시와 담양군 전역 그리고 화순군 일부(적벽, 서유리 공룡화석지, 고인돌 유적지, 운주사 일대)를 말한다. 이 책의 무등산권 역시 이 범위이다. 현재까지 국내에 지정된 세계 지질공원은 제주와 청송 그리고 무등산 권역 셋뿐이다. 남도 사람들은 보물의 땅 옆에 사는 행복한 사람들인 것이다.

멀리서 보면 무등산의 모양은 두루뭉술하다. 봉우리들이 높이 솟아 험하게 보이는 한라산이나 기백 넘치는 백두산의 모양새와는 다르다. 화산활동이 있었다고 하나 산꼭대기에는 백록담이나 천지 같은 호수도 없다. 그 이유는 무등산은 한라산이나 백두산보다 수천만 년 이전에 생성되어, 오랜 세월 지속된 지각 변동과 풍화 작용 때문에 호수는 흔적도 없이 사라져버렸기 때문이다. 무등산은 공룡이 누비던 중생대 백악기 지질 시대인 약 7,000만 년~8,000만 년 전후 화산폭발로 인해 생겼다. 당시 화산 화구는 백두산 천지보다 훨씬 거대한 모습이었으며, 용암은 오늘날 서석대·입석대·광석대 등 주상절리와 너덜겅의 모습으로 남았다. 화순적벽과 서유리 공룡 발자국 그리고 운주사 지역의 모습은 이때 날아간 화산재로 생겼다.

운주사의 천불천탑도 인근에 화산재가 쌓여 형성된 층상 응회암을 이용해 조성한 것들이다. 석불과 석탑은 이 암석이 지닌 거칠고 투박한 모습을

▲ 우리나라 지질공원 현황

13

▲ 무등산 입석대

그대로 보여준다. 6,600만 년 전 소행성의 지구 충돌로 공룡이 멸종했다 하고 2,500만 년 전부터는 한반도로부터 일본이 떨어져 나가면서 동해가 열렸다. 곧이어 알프스산맥과 히말라야산맥이 생겨나는 등 거대한 지각 변동의 시간이 있었다. 다시 천만 년이 흐른 뒤 260만 년 전에 백두산이, 120만 년 전에야 한라산이 생긴 것이다.

그때까지도 무등산의 주상절리대는 깊숙한 땅속에 묻혀 있다가 인류가 땅 위에 등장할 즈음인 11만 5천 년 전에야 햇빛을 처음 보았다. 무등산은 그렇게 우리가 상상할 수 없는 장구한 시간의 모습을 보여주고 있다. 무등산 곳곳의 너덜경은 더 앞선 주상절리대가 풍화된 모습이다. 너덜경을 모두 원래의 위치로 올려놓으면 지금의 서석대·입석대·광석대의 모습일 텐데 그 모습을 마음속에 그려보곤 한다.

우리는 공룡 시대 이전에 만들어지기 시작한 바위의 모습들을 무등산에서 보는 것이며, 무등산 바윗길은 이 세상에서 가장 오래전부터 자연이 만들어 낸 길인 셈이다.

평소에는 나무와 잎들에 바위들이 대부분 가려져 있다. 그래서 바위들을 제대로 보려면 제 모습을 가장 잘 드러내 보이는 겨울이 좋다.

광주의 지명 변천을 대략 살펴본다. 고조선이 한반도 북부에 자리 잡고 있었을 때 한반도

중·남부에는 진국辰國이 있었다 한다. 고조선이 멸망한 뒤 서기전 2, 3세기경 사방으로 흩어진 유민들 중 남쪽으로 내려온 이들이 마한·진한·변한으로 나뉘어 살았다. 북쪽으로는 부여·고구려·옥저·동예 등이 있어 이때를 삼한 시대라고 한다. 나중에 백제가 마한지역을 통일할 때까지 4, 5백 년간 이 시기가 지속된 것으로 보인다.

『삼국지』 위지 동이전에서는 현재 충청·전라지역에 있는 54개 소국小國들을 통칭해 '마한'이라 했다. 요즘은 한자 '말 마馬'자를 차용해 마한馬韓이라고 표기하고 있으나, 당시엔 '말한', '몰한' 등으로 불렸으며 '말', '몰'은 '크고, 으뜸'이라는 뜻이었다고 한다.

이때는 광주만의 지명은 없었고 주변 지명으로는 장성군 진원면 일대를 '구사오단국臼斯烏旦國', 나주 일대를 '불미지국不彌支國'이라 했다. "498년(동성왕 20) 8월, 백제는 탐라(현 제주도)가 공납을 바치지 않는다 하여 왕이 친히 군사를 이끌고 무진주武珍州에 이르렀다."는 『삼국사기』 백제 본기에 근거하여 광주 최초 이름은 '무진주'이다.

660년 백제가 나당연합군에 패망하자 당나라는 백제 옛땅에 웅진도독부를 설치했다. 그러나 신라는 당나라의 웅진도독부는 무시한 채 나주시 일원을 치소治所로 삼아 발라주發羅州를 설치했다.

685년(문무왕 5) 전국을 9주로 재정비하면서 발라주를 다시 무진주로 고쳤다. 그때의 무진주는 지금 전라남도(광주광역시 포함) 전역과 전북 고창군 대부분을 합친 지역이다. 그 후 757년(경덕왕 16) 다시 무주武州로 개명했다.

이처럼 광주 지역은 삼국시대까지 무진주 또는 무주에 속해 있었는데, 무진은 우리말로 무돌, 또는 무들이 되며 '물水+들野'의 의미인 것으로 보인다고 한다. 또, 무돌은 '무지개를 뿜는 돌'이라고 해석하기도 한다. 이후 광주라는 명칭이 처음 나오는데, 조선전기에 만든 『신증동국여지승람』

▲ 목은 선생 초상, 국립중앙박물관

▲ 『목은집』

(광산)에 따르면 후백제 견훤 때부터 광주라 불렀다고 한다. 또한, 고려가 세워지고 나서 940년(태조 23)에 처음 광주光州라고 칭했다고도 한다.

왜 광주라 바꾼 것인지는 명확하게 알 수 없지만, 고려 말의 대학자 목은 이색(1328~1396)의 글, 「석서정기石犀亭記」에서 광주를 '광지주光之州'라 언급한 것으로 미뤄볼 때, '빛의 고을'이란 의미인 것은 분명해 보인다. 오늘날도 '빛고을 광주'로 말하고 있는데 빛고을이란 다른 말로 '밝은 땅'이라 할 수 있다. 우리 민족을 배달민족이라고 하는데 배달의 어원은 '밝달'로서 '밝은 산' 또는 '밝은 땅'을 의미한다. 광주는 어쩌면 우리 민족의 땅 이름을 염두에 두고서 지어진 이름이 아닌가 하는 생각을 해본다.

광주는 983년(성종 2)에 중앙정부에서 관료가 파견된 12목 중 '나주목羅州牧'에 속했다. 995년(성종 14)에 전국을 10도로 개편하며, 지금의 전라남도를 '해양도海陽道'로 하고 지금의 광주는 '해양현'이라 개칭했다. 1018년 고려 현종 시대에 전국을 5도 양계로 다시 재편하면서 전북의 강남도와 폐합되어 '전라도'가 되었다. 지난 2018년이 전라도 정도定道 1,000년이 되는 해였다.

1259년(고종 46) 해양현에서 기주冀州 (일명 기양주冀陽州)라 고쳤으며, 1299년(충선왕 2)에 다시 화평부化平府로 강등되었다. 고려 말 1362년(공민왕 11)에 무진주로 바뀌었다가, 1373년(공민왕 21)에 다시 광주목으로 변경된다. 이후 조선말까지 약 500년간 광주목으로 불렸다. 광주라는 이름이 이어진 것이다.

그런데 조선시대에는 해당 지역에서 커다란 사건·사고가 나면 그 지역을 강등하곤 했다.

▲ 필문 이선제부조묘

▲ 분청사기 상감 '경태5년명' 이선제묘지,
1454년, 높이 28.7cm, 보물 제1993호

광주목이 지금의 '광역시'급이었던 터라 그동안 몇 번에 걸쳐 잠깐 '무진군'과 '광산현'으로 강등되어 '광주'라는 이름을 잃어버린 때가 있었다.

1430년(세종 12)에 사건이 생기면서 광주목은 무진군으로 격하되었다가 20여 년만인 1451년(문종 1)에 필문畢門 이선제(李先齊, 1390~1453) 등 광주 인사들이 나서서 광주라는 이름을 되찾게 되었다.

의병장 고경명을 모신 포충사에서 가까운 곳에 '필문 이선제부조묘'가 있고, 남광주시장 앞 남광주교차로부터 서방사거리까지를 '필문대로'로 이름하여 그를 기리고 있다. 그러다 1489년(성종 20)에 광산현으로 다시 강등되었다가, 1501년(연산군 7)에 광주목으로 환원되는데 인조와 숙종 때에도 비슷한 일이 벌어졌다. 그렇게 몇백 년을 광주목으로 유지해 오다가 1895년(고종 32)에 23부제가 시행되면서 전라도가 나주부·전주부·남원부로 분할되고 지금의 광주는 나주부에 속한 광주군이 됐다.

다시 1년 만에 23부제를 폐지하고 13도제가 시행됨에 따라 전라도는 전남과 전북으로 양분되고 광주는 전라도 광주군이 되었다. 1931년에 광주읍으로, 해방 후 1949년에는 광주시로, 1986년에 직할시로서 전남에서 분리되었으며 1995년에 비로소 광역시가 되었다.

무등산도 명칭 변경이 있었다. 광주가 처음에 '무돌' 또는 '무들'이라 불렸기에 산 이름도 거기서 출발했으리라 본다. 백제 이전의 시대에는 '무지개를 뿜는 돌'이라는 의미에서 '무돌'이라고도 했고, '무당산'이라고도 불렸다. 외형이 무덤의 모양이라 해서

▲ 「조선후기지방지도」 전라좌도광주지도 '무등산' 부분, 1872년

'무덤산'이라고도 했다는데 산을 신성의 영역으로 여기던 옛사람들의 정서에 비추어 볼 때, 부정적인 의미의 무덤이라는 말로 불렸을 리는 거의 없다고 생각한다. 무돌은 서석대 등 주상절리가 빛에 노출된 모습에서 나온 이름인데, 빛고을이라는 뜻을 가진 광주의 이름도 서석대에서 비롯되었다고 한다.

통일신라시대 광주 이름이 무진주였을 때 산 이름은 무진악武珍岳, 지명이 무주였을 때는 무악으로 불렸다. 고려 시대부터 지명은 광주였으나 산은 무등산, 무진악 또는 서석산 瑞石山으로 불렸다.

무등산의 어원은 크게 두 가지 설이 있다.

첫 번째는 무돌, 무당산, 무덤산이 한자어로 표기되면서 무등산이 되었다는 것이다. '큰 우물이 있는 마을'이라는 뜻의 순우리말인 '한우물'이 '하나물'로 불리다가 한자로 표기하기를 '하남河南'으로 변한 예와 같았으리라 본다는 것이다. 고려를 침범한 거란족은 그들의 발음으로 '키탄', '키타이'였는데 고려가 한자로 '계단契丹'으로 적었던 사례도 참고할 만하다. 순우리말이든 외국어이든 한자로 표기하면서 전혀 다른 모습으로 변해버렸던 우리말의 변천사를 무등산도 겪었다.

두 번째는 불교국가인 고려시대부터 무등산이라 불린 것을 감안하면, 부처님의 공덕이 크고 넓어 그에 견줄 이가 없다는 의미의 '무유등등無有等等'에서 차용한 '무등'을 사용했다는 것이다.

두 주장은 서로 연결된 듯하다. 그래서 무돌·무당산·무덤산이 고려시대 때 한자로 표기되면서 무등산이라 적었는데, 불교의 영향을 받아 사용한 것으로 추정해본다.

또 하나의 명칭 서석산은 어떤 유래가 있을까? 옛날에는 주상절리대의 직사각형 모양새를

옥으로 만든 홀笏로 생각했다. 홀이란 고대로부터 신하가 왕에게 나아갈 때 조복에 갖추어 손에 드는 수판手板을 말하거나, 종묘에 제사를 모실 때에 손에 드는 표식이다. 그런데 더 이전에는 홀을 '규圭' 혹은 '서瑞'라고 했는데 바로 그 '서'자를 빌어 서석산이라 했다는 것이다. 또 한편으로는, 상서로운 돌이 있는 산이라는 의미에서 '상서로울 서瑞'자와 '돌 석石'자를 써서 서석산이라 했다고도 한다.

산이 있다면 물을 빼놓을 수 없을 것이다. 물은 크게 네 갈래로 광주 시내에 들어온다.

첫 번째 갈래는 북동쪽의 담양군 용면 가마골에서 시작된 영산강 이다. 두 번째 갈래는 증암천으로 무등산 북산 좌우 계곡에서 발원해 소쇄원·식영정·광주호·송강정을 지나 북광주 입구인 담양 대전면 강의리에서 영산강과 합류한다. 원효계곡에서 출발해 제4수원지 및 충효동에 이르는 석곡천은 소쇄원 앞에서 증암천과 만난다. 영산강은 첨단지구를 감싸 안고 흐르며 극락강이라 불리다 산동교와 광신대교를 지나, 상무대교에 이르러 세 번째 갈래인 광주천과 합해진다.

▲ 홀, 길이 30cm,
국립중앙박물관

▲ 황룡강

▲ 영산강의 시원 가마골 용소

  광주천은 무등산 장불재 아래 광주천 시원지에서 출발해 무등산 남쪽인 용추계곡과 제2수원지를 지나 광주의 남동쪽인 학동 쪽으로 들어온다. 양동·동천동·유덕동·광주시청 뒤쪽을 거쳐 상무대교에 이르러 영산강과 만나 큰 물줄기를 이룬다.

  마지막 네 번째 갈래는 황룡강이다. 영산강이 상무대교에서 약 7km를 내려가 서창에 이르면 황룡강이 더해진다. 황룡강은 장성군에서 발원해 광주의 북서방면인 임곡동과 본량동을 지나, 어등산 송산공원·호남대 앞 동곡면으로 흘러들어와 서창에서 영산강과 만나 몸집을 불린다.

  극락강은 영산강의 한 구간 명칭으로서 법정 명칭은 아니며, 옛 이름은 칠계漆溪 또는 칠천漆川이었다. 극락강가에 세워진 풍영정風詠亭의 주인이었던 김언거(金彦据, 1503~1584)의 호를 당시 강의 이름을 따서 칠계漆溪라 하기도 했다.

  영산강은 승촌에서 나주 남평 쪽으로부터 흘러오는 지석천과 다시 만나 무안군, 목포시를 지나 신안군의 섬들이 산재해 있는 서남해에 이른다.

  한편 무등산 정상 쪽에서 흘러나오는 물줄기는 북쪽으로는 원효계곡과 증암천으로, 남쪽으로는 용추계곡으로, 동쪽으로는 적벽이 있는 동복호로, 서쪽으로는 증심사 계곡과 동적골로 향하고 있다.

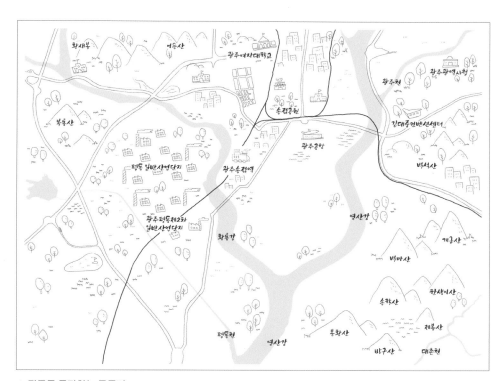

▲ 광주를 통과하는 물줄기

「무등산도」, 19세기, 종이에 엷은 채색, 영남대박물관

01. 충효동에 있었던 분청사기 가마터

▲ 충효동 분청사기 전시관

무등산과 인접한 충효동에는 발굴 조사된 분청사기 가마터가 있다. 조선 초기 약 100년간 분청사기 생산지였다. 요즘으로 치면 그릇 생산라인이 들어선 공단이 있었다는 것이다. 이 도요지는 어떻게 이곳에 생겼다가 사라졌을까?

분청사기는 고려청자와 백자 사이의 산물이다. 고려청자는 초기에 10여 곳에서 생산했는데 상감청자를 생산한 곳은 강진과 부안 등지가 유명하다. 강진에서 청자가 시작된 이유로 1979년 요시오카 칸스케의 주장이 흥미롭다. 그는 장보고가 활동한 통일신라시대인 828년~846년을 전후해 강진에 청자 가마가 생겼을 가능성을 제시했다. 장보고는 중개무역을 통해 중국과 일본 그리고 신라를 무대로 활약했다. 완도를 중심으로 경제권과 군사권을 이룩했는데, 지리적으로 가까운 강진에서 청자가 제작되기 시작했다고 보고 있다.

하지만 근래에는 10세기 초에 이르러 청자가 이 땅에서 본격적으로 생산되었다는 것이 대체적인 견해이다. 고려청자는 고려 말 몽고와의 전쟁을 시작으로 충렬왕·충선왕·충숙왕 시대에 쇠퇴기를 맞이했다. 분청사기의 시대는 고려 공민왕(재위 1351~1374)시대부터 임진왜란 직전까지인 1360년~1600년경까지이다. 분청사기는 상감청자의 전통을 이어받아 인화기법의 상감 분청이 만들어졌다. 그러다 차츰 수요증대로 인한 대량 생산을 위해 인화기법의 장식의장이 분청사기의 중심문양으로 자리 잡기 시작하면서 크게 성장했다. 정

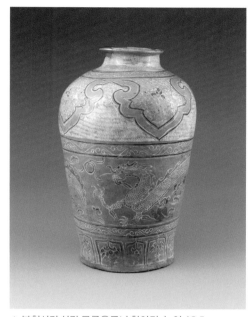

▲ 분청사기 상감 구름용무늬 항아리, 높이 48.5cm,
국보 제259호, 국립중앙박물관

치사적으로 본다면 지배계층이 바뀌고 왕조가 교체되는 과도기로서, 고려가 망하고 사대부 중심인 조선의 신 지배질서가 만들어지는 시기에 출현했다.

상감청자를 만들던 강진과 부안 등지의 장인들은 국가로부터 보호와 지원을 받지 못하게 되자 왜구의 잦은 침범과 1392년 고려의 멸망을 전후로 살길을 찾아 전국으로 흩어졌다. 강진에서부터 좌우로 갈라져 북상하는데, 그 중 한 경로는 남해안을 따라 강진-고흥-보성-하동-사천-진주-산청-고령-상주로 이어지는 우로인데 태백산맥을 넘지는 못했다.

서해안을 따른 좌로는 강진-나주-광주-영광-부안-대전 방향이었는데, 대전에서 공주-청양-연기-광주(경기도)로, 또는 옥천-영동 방향으로 흩어졌다. 분청사기 태토는 전국 어디에나 있어 걱정이 없었으며, 단지 땔나무가 있는 자연조건과 충분한 인적자원 조달이 필요했기에 깊은 산속보다는 식량과 사람이 많은 평야지대를 따라 터를 잡게 되었다.

호남지방 분청사기 가마터는 나주시 다시면 신광리, 광주 충효동, 영광군 불갑면 금계리, 영암군 군남면 용암리, 고흥 운대리, 보성 등지와 부안군 보안면 우동리(고려청자 요지인 유

분청사기의
장식 기법

상감기법
象嵌

인화기법
印花

조화기법
彫花

박지기법
剝地

철화기법
鐵畵

귀얄기법

덤벙기법

▲ 분청사기 장식기법

▲ 분청사기 상감초화문병, 높이 29.4cm,
　국립중앙박물관

▲ 분청사기 모란무늬 납작병, 높이 22.1cm,
　국립중앙박물관

천리 인근 지역) 등지에 자리 잡고 있다. 강진의 장인들이 흩어져 나가는 시기인 세종시대의
국내사정을 보면, 중국이 청화백자를 사사로이 제조하는 것을 막고, 외국 사신에게 팔거나
주는 것을 막고, 이를 범한 죄는 사형까지 이를 수 있다는 조치를 하였다. 이런 상황이 세종
때에 분청사기가 다양하게 발전해 전성기를 맞이하게 된 계기가 되었다.

『세종실록』「지리지」에서 1424~1432년 사이에 자기소 139개소, 도기소 185개 등
총 324개소가 있었다고 밝히고 있다. 자기소磁器所에서는 백자와 분청사기를, 도기소
陶器所에서는 옹기와 같은 종류를 생산했을 것으로 추정된다. 공물의 성격은 민요民窯인지,
지방관요地方官窯 내지 중앙관요中央官窯인지는 분명치 않다고 한다.

고려시대에는 관영 수공업체제로 강진에 고정되었고, 조선시대 관요는 1469년~1470년에
법제적으로 제도화되어 한양 인근 경기도 광주에 있었다. 따라서 1469년 이전 자기소와 도
기소는 일정부문은 공물로 바치고 나머지는 민간에서 사용되던 자기를 생산했을 가능성이
높다.

분청사기는 분장회청사기粉粧灰靑沙器의 준말로 '백토로 분장한 회청색의 사기'라는 의미이다. 상감청자 장식기법의 전통을 계승하여 회청색의 태토 위에 백토를 상감하거나 분장한 자기이다. 조선 전기에는 '청자'로 불렸으며 한국의 첫 미술사학자인 고유섭 (1905~1944) 선생이 1940년경에 처음으로 붙인 이름이다.

분청사기 종류는 백토분장 방법에 따라 상감象嵌분청사기·인화印花분청사기·철화鐵畵 분청사기·덤벙(담금)분청사기·귀얄분청사기·박지剝地분청사기·음각(조화)분청사기로 구분 된다.

상감분청사기는 연당초문·운학문·초화문·당초무늬 등을 담고 있고, 인화분청사기는 도장 으로 무늬를 찍어 만든 것이며, 철화鐵畵분청사기는 산화 철분이 섞인 물감으로 문양 또는 그림을 그린 것이다. 덤벙(담금)분청사기는 백토물에 덤벙 담갔다가 꺼낸 것이고, 귀얄분청사 기는 넓고 굵은 붓인 귀얄로 백토를 발라 빠른 붓질을 한 것이다. 박지분청사기는 광주 충효 동 등 주로 호남지방에서 주로 사용된 특색을 보이는데 그릇 전체에 백토를 바르고 원하는 무늬를 그린 후, 무늬 이외의 배경의 백토는 긁어내 백색과 회색의 대비를 이루게 한 것이다. 음각분청사기는 백토분장 후에 원하는 무늬를 음각으로 긁어 새기는 것으로 회화적인 문양 을 보여 일명 조화기법이라고도 한다. 대개 박지와 조화기법은 같이 사용되는 경우가 많았다.

인화, 철화, 박지, 음각(조화) 기법들은 세종조에서부터 개발된 기법들이다.

분청사기는 청자 유약을 바르기 때문에 고려청자의 전통을 이은 것은 분명하다. 그러나 굽기 전에 백토를 바른 다음 초벌구이를 한 뒤 청자 유약을 발라 본구이를 한다는 것이 고려청자와 다른 점이다. 큰 흐름에서는 청자의 맥락에 있으나 청자보다는 태토 내의 철분 함량이 적어 청자에 비해 색이 밝아지고 유약도 희어져 전체 색감은 밝은 회청을 띤다.

분청사기의 무늬들은 즉흥적이면서도 세련되었는데, 500년 전에 빚은 도자기라고 하기엔 너무나 현대적이라는 평을 듣는다. 미술사학자 혜곡 최순우(1916~1984) 선생은 분청사기의 특징을 일러 "가식 없는 소박한 매무새, 허탈한 것 같으면서도 어딘가 탐닉스러운 힘, 시작된 곳도 끝난 데도 모르는 어수룩한 선, 익살스러우면서도 때로는 눈물겨운 모습"이라고 이야기했다.

이처럼 서민적인 분위기가 짙은 분청사기를 민족자기라고 규정한다. 그 이유는 훈민정음

▲ 인동초

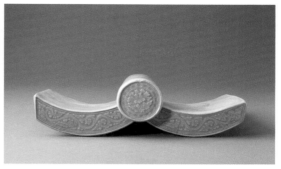
▲ 청자 양각 모란문 연화당초문막새기와, 고려, 토지주택박물관

을 비롯한 백성을 위한 정책에 집중했던 세종 치세에 가장 발전했고, 왕과 귀족은 물론 일반
백성에 이르기까지 누구나 사용했던 그릇이었기 때문이다. 또한, 중국백자나 청화백자를 닮
으려고 노력하지 않았기 때문이다. 그러나 14세기는 중국 도자기가 청자에서 백자로 흐르고
있었고, 조선도 백자로 전환이 자연스럽게 받아들여지며 백자를 닮아갔다. 이처럼 분청사기
가 백토분장된 의도는 표면을 백색화하려는 노력의 결과이다.

분청사기는 상감청자의 전통을 이어 세종 때 전성기를 누렸으며, 14세기 중엽부터 17세기
초엽까지 약 300여 년간 생산되었다. 세종 재위 기간 중 전반기는 고려의 전통이 남아있고,
후반기는 조선의 문화가 본격적으로 나타나기 시작했다. 1420년경을 전후해 문양의 소재로
서 연당초문蓮唐草文이 자취를 감추기 시작하고 조선적인 초화문草花文이 시작되었다.

연당초문이란 연꽃과 당초무늬를 말한다. 연꽃은 불교를 상징하며 고려의 문화를 상징하
는 것인데 세종 때 이를 버리고 비로소 조선다움의 변화를 도모하기 시작했다는 것이다.

당초문양은 인동초 등 덩굴식물을 간략화해서 도안한 S자형 연속무늬다. 고대 이집트
에서 발생해 그리스, 북아프리카, 시리아, 메소포타미아, 소아시아, 페르시아, 로마어를 사용
한 제국과 인도, 한국, 중국, 일본에서 사용되었다. 한국에서는 삼국시대 중반에 고구려와 신
라로 유입되었다 한다. 덩굴무늬는 인동초와 결합되면 인동 당초문, 보상화寶相華와는 보상
당초문, 모란과는 모란당초문, 연꽃과 접목하면 연화당초문, 포도와 함께 새기면 포도당초문
등으로 부른다. 덩굴인 당초의 속성은 오래도록 끊이지 않고 이어지기 때문에 '쉬지 않고 살
아간다.', '강인하게 산다.', '장수한다.', '궂은 일, 좋은 일을 감싸며 산다.', '재물이 지속적으로
번창하고 가문의 영화가 계속 된다.'는 등 여러 의미를 갖는다.

분청사기는 세종(재위 1418~1450)때 다양한 기법의 등장으로 크게 발전하였고 세조(재위 1455~1468) 때 완성단계에 이르렀다가 임진왜란 이전에 백자의 보급과 확산으로 소멸되어 그 생산이 끝나게 되었다.

조선의 백자는 소나무松文, 산수山水, 대나무竹文, 풀꽃野草文, 인물문人物文 등 조선의 회화와 궤를 같이해 선비들의 정신세계를 보여준다. 반면, 분청사기는 조선 사람들의 자유분방함과 해학, 생략과 간소화, 상징과 은유를 담아 표현하고 있다.

▲ 충효동 가마터

현 광주 충효동 가마터는 1992년 국립광주박물관이 주관해 4기의 가마와 퇴적층을 발굴했다. 조사근거는 『세종실록』「지리지」의 139개 자기소와 185개 도기소에 대한 기록이다. 광주가 무진군으로 강등된 때가 1430년(세종12)인데 기록에 무진군 동쪽에 있는 이점梨岾에 자기소가 있다고 기재되어있다. 이점梨岾은 지금의 충장사 바로 아랫마을인 배재마을을 말하는 것으로 추정된다.

발굴된 가마터는 여기서부터 약 2km 떨어져 있다. 약 500년간 조용히 묻혀있었던 것이다. 전국적으로 분청사기 가마터 발굴은 충남 공주 학봉리, 광주 충효동, 충남 연기 송정리, 고흥 운대리 등에서 이루어졌다. 광주 충효동은 호남 지역 분청사기 가마터 중 가장 빨리 조사된 셈이다. 수많은 도기소, 자기소가 흔적은 보이나 논·밭·집터 등으로 변해 가마터 원형과 도편이 흩어져있는 등으로 발굴을 할 수 없는 상태이다.

무등산 안에 있는 충효동 도요지가 그동안 원형이 크게 훼손되지 않고 잘 보존될 수 있었다는 것은 다행이 아닐 수 없다. 이곳은 백자 관요가 성립된 1469년 전후인 1420년대부터

▲ 충효동 가마터에서 출토된 글씨가   ▲ 분청사기 '어존' 글씨가 있는 잔, 높이 9.8cm, 국립광주박물관
새겨진 분청사기와 백자

1510년대까지 약 100년간 운영된 것으로 추정되며, 1470년경을 전후로는 백자 제작으로 이행하게 된다.

1998년 1기의 가마를 복원하고 '무등산 분청사기 전시실'이 문을 열었는데 강진 사당리의 고려청자 전시관과 더불어 대표적인 도자기 전시관이다. 퇴적층의 도편들에 새겨진 글씨들이 1477년에 가마가 운영되고 있었음을 알게 했고, 분청사기로부터 백자로 이행된 과정을 파악하게 했으며, 기형으로는 특히 제기祭器가 많이 발굴되었다.

조선시대 유교 정책에 따라 세종의 지시로 신숙주(申叔舟, 1417년~1475년) 등이 1474년(성종 5)에 완성한 『오례의五禮儀』에서 제사 의식과 제기의 도해도 구체적으로 명시해 놓았다. 발굴된 제기가 그 도해와 기형이 같아 국가의 시책이 그릇에 반영되었음을 알 수 있게 되었다. 또한, 도편에 '어존'이라는 한글 표기가 발견되어 세종시대에 한글이 창제되자마자 일반에 사용되기 시작하는 것도 알 수 있다.

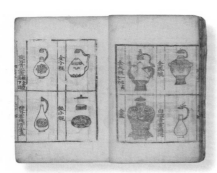
▲ 『국조오례의서례』, 1474년

한편 도편들을 보면 그릇에 사용처, 장인의 이름, 지명 등이 쓰인 것을 볼 수 있다. 분청사기가 전국에 걸쳐 확산되면서 제품의 품질이 낮아지자 세종 3년에 그릇 밑에 장인명을 써넣도록 하자는 진언에 따른 것이라 한다. 오늘날의 제조자 실명제를 실시한 것이다.

지금은 새소리와 바람 소리만 가득한 무등산의 북쪽 한편에는 500년 전에 도자기 가마터가 들어섰었다. 그 주위엔 장인들의 마을, 땔감을 조달하는 인부들과 거주지, 북적대는 시장, 방문자들이 머무는 여관촌 등이 일대를 채운 부산한 신도시가 있었다.

예술혼은 지금까지 이어져 오고 있음을 느끼고 있지만 하나의 도시가 흙에 파묻혀 잊히기도 하고 불모지 땅에 새 도시가 일어나기도 하는 것을 볼 때, 지금 내가 사는 이곳은 몇백 년 후에 또 무엇으로 변해 있을까 궁금해진다.

02. 꼬막재·규봉암·석불암·지공너덜·광석대·장불재 길을 걷다.

무등산 정상 쪽에 모여 있는 천왕봉·지왕봉·인왕봉과 서석대·입석대·규봉 등을 가운데 두고 주변길을 한 바퀴 돌아본다. 원효사 옆 무등산장에서 출발해 꼬막재를 지나 규봉암, 지공너덜, 장불재에 이르렀다가, 중봉과 입석대 사이길인 군사도로를 따라 내려온다. 늦재를 거쳐 다시 무등산장에 돌아오는 길이다. 약 13.2km 거리를 약간 느린 걸음으로 걸으면 약 5시간이 소요된다. 꼬막재는 해발 738m이고, 규봉암이 900m이며, 장불재가 919m이다.

▲ 신선대 주상절리

무등산장에서 꼬막재까지 이르는 1.8km길이 가파르게 오르는 길이고, 그 이후 장불재까지 약 5km길은 사실상 고도가 비슷하다. 장불재에서 군사도로를 따라 돌아오는 6.4km는 내리막에 해당되는 길로 비교적 편안한 등반길이다.

꼬막재에 오르는 부분을 제외하고는 긴 시간을 가벼운 산책으로 보내기에 가장 사랑스런 길이다. 또한 높은 정상을 올라야만 산에 올랐다고 여겨지는 마음을 한순간에 바꿔놓을 수 있는 아름다움이 있다.

산장에서 출발하자 이내 오른편 원효계곡의 물소리가 잦아들기 시작했고 10월초의 가을 산에는 새들의 소리조차 들리지 않는 적막감이 가득했다. 약간 가파른 길이 계속 이어지며 내 날숨과 들숨소리만 들리다가 심장 박동 소리까지 들릴 즈음에 꼬막재에 이르렀다. 꼬막재라는 지명석과 더불어 꼬막재를 설명한 현판이 있다. 현판의 글은 박선홍 선생의 저서 『무등산』에서 발췌한 것이다.

무등산장에서 의상봉의 뒤를 돌아 규봉암을 향해 올라가노라면 꼬막처럼 엎드린 고개에 이른다. 옛 선조들이 나들이 할 때 이 고개를 지름길로 이용했던 중요한 길목으로써 그리 높지 않고 나지막한 재이어서 꼬막재라 불려 왔다고 한다.

한편 길 부근에는 꼬막처럼 생긴 작고 앙증맞은 자갈들이 무수히 깔려있어서 또한 꼬막재라 부르기도 했다는 이야기가 전해 내려오고 있다.

꼬막재를 지나도 새소리 물소리가 없다가 차츰 바람이 살랑이기 시작했다. 내리막길도 오르막길도 없는 오솔길이 마치 제주 해안길을 거니는 듯하며 나뭇잎 사이로 비집고 들어오는 햇살이 정겨웠다. 길 오른편은 산 정상 쪽이요, 왼편은 화순 쪽인데 화순 쪽은 내리막이면서도 가파르지 않은 개활지다. 따라서 길만 보고 걸어가야 하는 계곡길이 아니라 확 트인 시야를 제공하고 있어 개활지에서 불어오는 바람과 함께 걸을 수 있었다. 꼬막재에서 규봉암에 이르는 이 길이 오솔길의 모습으로 영원히 남아 있으면 좋겠다.

길 도중에 산 정상 쪽 1km에 누에봉이 있고 화순 방향으로 800m 거리에 북산의 신선대 주상절리가 있다. 신선대의 주상절리 모양새는 한 눈에 입석대와 서석대보다 더 오랜 기간의 풍화를 거친 것으로 보인다. 중생대 백악기 후기(약 8,700~8,500만 년 전)에 분출된 화산활동에 의해 만들어졌다. 기대거나 앉기에 너무 편하게 보여 신선들이 머물만한 곳이라는 뜻으로 신선대라 부르게 된 것 같다.

원효봉에 원효대사가 창건한 원효사가 있다면 규봉에는 그와 동시대 사람인 신라의 의상대사가 창건한 규봉암이 있다. 규봉圭峰이라는 봉우리 이름은 어디서 유래되었을까? 이름 유래에는 두 가지 설이 있다.

첫 번째로 승려 의상이 당나라 유학 당시 종남산에 머물렀다. 그곳에 규봉이 있었는데 무등산의 바위 모습이 그 모습과 같아서 그렇게 이름 지었다 한다. 또 다른 주장은 이렇다. 한자어 '규圭'는 '옥으로 만든 홀'이라고 정의하고 있다. 앞서 언급한 것처럼 그 홀을 이전에는 '규圭' 혹은 '서瑞'라고 했다. 그런데 직사각형으로 서 있는 무등산의 돌들이 홀을 닮았기 때문에 무등산을 서석산이라고도 했고 규봉이라는 이름도 생겼다는 것이다.

규봉의 허리에 광석대廣石臺가 자리 잡고 있다. 광석대는 입석대立石臺·서석대瑞石臺와

▲ 광석대

더불어 무등산 3대 주상절리대柱狀節理帶이며 세계적인 자연유산이다. 8,300만 년 전의 대규모 화산활동에 의한 용암이 서서히 식으면서 육각형 기둥의 모습으로 풍화를 진행하고 있는데 100여 개의 암석군을 이루고 있다.

제주도 해안가에도 주상절리가 있지만 크기와 규모는 무등산과는 비교할 수 없다. 광석대의 주상절리는 입석대와 서석대보다 두꺼워 너비는 7m 정도로 세계 최고이며, 높이는 30m~40m이다. 사찰 규봉암을 100여 개의 거석들이 감싸고 있다. '햇빛에 비쳐 무지개빛으로 빛나는 돌산'이라 해서 무등산을 무돌이라고 했다는데 서석대보다는 이곳의 아름다움을 두고 한 말이리라.

▲ 규봉암 앞 기이한 바위

광석대는 무등산의 대표적 암자인 규봉암과 석불암을 병풍처럼 품고 있다. 규봉암은 세월 속에 수차례 사라졌다가 중수를 거듭했는데 기록상으로 조선 초기 문신 권극화가 말하기를 "신라 시대에 의상대사가 서석과 규봉을 보고 정사精舍를 세웠다."라고 한 것이 최초이다.

절의 모습을 갖추어 제대로 창건한 사람은 798년(원성왕 14)에 당에서 귀국한 순응대사였다고 전하며, 1739년 3월 20일에 쓴 규봉암 상량문이 발견돼 당시에 중수하였을 것으로 추측한다.

이후 한국전쟁으로 암자가 불에 타 폐허가 되었다가 1957년 관음전과 요사채를 복구하였다. 최근에도 계속 조금씩 시설을 증설하고 있는데 광석대 훼손이 염려된다.

종교적 측면에서 이해는 되지만 이제 무등산은 국립공원이자 유네스코 세계지질공원으로 인증된 광석대라는 아름다움을 지키기 위해서 노력해야 할 것 같다. 그것이 오히려 규봉암의 가치와 아름다움을 지키는 일이 될 것이다.

▲ 지공너덜

　산중의 산으로 느껴지는 이곳에서 김극기(金克己, 1379~1463)는 규봉암을 노래했다. 김
극기는 고려 우왕 시대에 태어난 고려말 사람인데 고려가 망하자 세상을 떠돌며 시작詩作에
전념하였고, 그의 광산 김씨 시조가 터 잡은 담양 대전면 평장동에 정자를 짓고 살았었다.

　규봉암

저 기괴한 돌들 무어라 이름하리　　　　　　　　詭狀石難名

높이 올라 바라보니 만상이 평화롭다.　　　　　　登臨萬像平

돌들의 모습은 비단을 잘라 세운 듯　　　　　　　石形裁錦出

봉우리 모양은 옥돌을 쪼아 만든 듯하고　　　　　峯勢琢圭成

명승을 밟는 순간 속세 먼지는 사라지고　　　　　勝踐屛塵跡

그윽한 이곳에 도의 참뜻 더하여라.　　　　　　　幽捷添道情

시비 많은 속세 인연 모두 털어버리고　　　　　　何當抛世綱

가부좌로 성불의 길 찾아보리라.　　　　　　　　跌坐學無生

　　-『신증동국여지승람』 광산현 불우조

▲ 광석대가 품고 있는 규봉암

▲ 지공너덜 지공대사 좌선수도원에서 바라본 낙타봉

▲ 지공너덜의 지공대사 좌선수도원

▲ 나옹화상, 147X77cm, 경남유형문화재
제277호, 1807년, 통도사 성보박물관

▲ 지공화상, 144X77cm, 경남유형문화재
제277호, 1807년, 통도사 성보박물관

　규봉암에서 장불재로 향하는 길에 곧바로 지공너덜과 마주한다. '송상윤'이라는 사람이 1717년에 호남에 온 삼연 김창흡(1653~1722)에게 서석산의 3대 자랑거리가 서석·규봉·지공력指空礫이라고 했다 한다.

　당시에 지공너덜을 한자 '조약돌 력礫'을 써서 지공력이라 불렀다. 너덜(崖錐, scree, talus)이란 '돌무더기 비탈(a slope with a lot of stone)'이란 뜻으로 제주 말로 '자왈'과 비슷한 말이다. 제주에는 '곶자왈'이란 곳이 많은데 토양층이 얇은 황무지(자갈)를 뜻하는 '자왈'과 나무숲을 의미하는 '곶'이 더해진 용어이다.

　무등산에선 풍화 과정에서 서 있는 암석을 '주상절리'라 하고, 쓰러져 있는 암석들이 있는 비탈을 '너덜'이라 한다. 너덜도 서석대·입석대·광석대와 마찬가지로 무등산의 소중한 자산인 것이다. 너덜의 일부는 산 정상 밑에서 큰 하트(heart) 모양을 나타내고 있다.

▲ 석불암 마애불

▲ 석불암

너덜은 무등산 전역에 걸쳐 존재하지만, 지공너덜은 무등산 정상 바로 밑에서 동남쪽으로 약 3km에 걸친 가장 큰 너덜지대이다. 2017년 4월에 무등산이 유네스코로부터 세계지질공원으로 지정된 데 이어 2018년 11월부터 규봉 주상절리와 지공너덜이 국가지정 문화재 명승으로 지정되었다. 제주도, 청송에 이어 국내 세 번째로 명승지적 가치와 지질학적 가치를 모두 가진 셈이다.

인도의 승려 지공대사가 석굴을 만들고 많은 제자에게 불법을 가르치면서 좌선수도 坐禪修道하였다 하여 지공너덜이라 부르게 되었다는 전설이 전해져 내려오고 있다.

지공대사가 무등산까지 오게 된 과정을 살펴보면, 고려 때 나옹선사(1320~1376)란 분이 원나라에 유학하던 중 인도에서 온 지공대사(?~1363)를 스승으로 모시다가 그와 함께 귀국한다. 나옹선사가 열반하자 지공대사는 자유로이 전국을 순회한다. 통도사를 거쳐서 송광사에 왔을 때 송광사 터가 예사가 아닌 터라 어느 분이 송광사 터를 잡았는가를 물었다. 보조국사가 무등산 규봉암 의신대에 앉아서 산맥의 흘러감을 짚어 송광사 터를 잡았다는 이야기를 듣고 지공대사는 규봉암에 오게 되었다. 지공대사는 규봉암의 빼어난 경관에 도취되어 하루 이틀 머물게 되는데 수많은 불자들이 대사의 불법을 듣기 위해 구름같이 모여 들어 규봉암 경내가 너무 좁아졌다. 너덜경으로 장소를 옮겨 설법을 할 때, 불자들은 너덜경을 의자 삼아 앉고 지공대사는 불자들을 위로 쳐다보면서 설법을 한다. 그래서 대사는 방이 필요해 석굴에 좌선수도원을 만들게 되었다고 한다.

▲ 무등산 군사작전로에서 만난 눈꽃

석실 안의 바위 위에 '지공대사좌선수도원指空大師座禪修道院'이라고 새겨져 있다. 이곳 규봉 자락은 약 천 년 전의 역사가 함께 잠들어 있다 하겠다.

지공너덜의 바위 무더기 위를 100여m 더 걸어 오르면 석불암이 나온다. 두 평 정도의 공간에 스님 한 분이 서서 염불하고 계시는데 그 작은 법당이 꽉 차버린다. 바위에 마애여래 좌상이 있는데 바로 그곳에 법당을 만들어 놓았다.

마애여래좌상은 고려 초기 1933년에 제작되었다. 이 깊은 산중에서 염불하는 스님의 목소리가 목탁소리보다 더 커서 참 인상적이었다.

석불암에서 약 1.5km를 걸으면 장불재에 이른다. 장불재는 가을 억새가 살랑거리는 모습이 인상적인 곳이다. 이곳에서 남쪽으로는 안양산 방향의 백마능선까지, 북쪽으로는 중봉까지 억새누리가 펼쳐져 있다. 이 고개는 지금의 화순적벽 방면의 사람들, 즉 화순군 이서면과 동복면 사람들이 광주를 오갈 때 넘어야 하는 곳이었다. 장불재는 『동국문헌비고東國文獻備考』에는 장불치莊佛峙,『신증동국여지승람新增東國興地勝覽』
에는 장불동莊佛洞이라 적혀 있다고 한다. 과거에 이곳에 '장불사'라는 사찰이 있었다고 하
는데 그 이름에서 유래했다고 추정된다.

　장불재에 오르면 대부분 잠시 길을 멈추고 물을 꺼내 목을 축인다. 고개를 들면 입석대·
서석대가 손짓하는 모습이 보인다. 입석대까지 400m, 서석대까지 900m에 불과해서 그러하
리라. 남쪽 방면의 화순 안양산까지는 3km인데 이 길을 택하는 사람은 적다. 하지만 오늘은
계속해서 정상 주변을 도는 길을 택했으니 중봉과 입석대 사잇길인 군사작전로를 따라 무등
산장으로 걸었다. 내려가는 길이니 지루하다고 생각하지 않아도 된다.

　지금은 철수했지만 이 주변에도 군사시설이 있어서 군사작전로가 장불재까지 비포장으로
나있다. 차량 두 대가 넉넉히 마주 지나갈 만큼 폭이 넓은 길이다. 내려오며 보니 일부 구간
에선 포크레인으로 길가를 크게 넓혀 놓기도 하고 풀 한 포기 자라지 않을 만큼 잡석을 뿌려
놓았다. 이 잡석들은 당연히 무등산의 피부가 아니다. 그래서 무등산의 길이라 할 수 없다.
늦재에서 토끼등까지 이르는 아스팔트길처럼 유감스러운 길이다.

　군사작전로는 겨울엔 거센 북풍을 마주하고 있어 눈이 잘 녹지 않으며 새들의 소리도 전
혀 없다. 겨울에는 가급적 피해야 할 길이다. 그러나 함박눈이 세상을 덮고 있을 때는 사정이
달라진다. 길이 넓어 눈길을 걷기에 가장 안전해서 눈꽃을 감상하기에 좋다. 눈꽃은 밤새 나
뭇가지에서 만들어 졌다가 아침 햇살이 비출 때 하얗게 피어나 바람결에 떨어진다.

03. 원효사에서 토끼등·봉황대·천제단·중머리재를 가다.

무등산에 오르는 출발점은 크게 증심사와 원효사로 나누어진다. 어느 길로 오르든 대부분 중머리재를 향한다. 원효사에서 출발하면 보통 늦재, 바람재, 덕산너덜, 토끼등, 봉황대, 천제단 삼거리를 거친다.

원효사 인근 무등산장에서 주검동유적을 거쳐 서석대에 이르는 무등산 옛길도 있다. 무등산 옛길이 자연 그대로의 모습을 최대한 간직한 길이라면 늦재를 지나 올라가는 길은 훼손된 길이라 말할 수 있다. 토끼등까지 이르는 길 절반 가까이 시멘트로 포장하여 차로를 만들어버린 것이다.

평소에 참으로 보기에 불편했다. 아니나 다를까 사정을 알고 보니 1980년 5·18광주민주화운동이 일어난 지 2년쯤 지난 1983년 전두환 정권시절에 원효사에서 증심사로 이어지는 일

▲ 원효사

주도로가 만들어지기 시작했고, 이를 시민들이 반발하자 1999년에 공사가 중단되었다가 오늘에 이르렀다고 한다.

이 공사로 인해 가장 큰 문제가 된 것은 덕산 너덜의 훼손이다. 너덜은 무등산의 정체성인데 덕산너덜은 규봉에 위치한 지공너덜과 함께 무등산의 2대 너덜이다.

8,500만 년 전 형성된 주상절리대는 깊숙한 땅속에 묻혀 있다가 11만 5천 년 전부터 눈에 보이기 시작했고, 빙하기인 5만 년 전부터 얼었다 풀리면서 조금씩 너덜로 변하게 되었다. 너덜의 이전 모습이 서석대·입석대·광석대라면 이 주상절리대의 수천 년의 시간이 흐른 뒤의 모습은 너덜인 것이다.

무등산에는 공원 면적의 3%를 차지할 정도로 너덜이 많다. 우리나라에서 이렇게 너덜이 많은 산도 보기 힘들다고 한다. 그런데 이 도로가 덕산너덜의 허리를 잘라놓았는데, 여기에 너덜 안내문을 세워놓고 있으니 어찌 낯 뜨겁지 않을 수 있겠는가? 여기 말고도 산길을 만든다고 너덜을 치워버리고 있는 곳이 많다. 산 아래에 너덜을 치우고 들어선 상가들의 모습이 보인다.

자연유산을 무참히 파괴한 상황을 자세히 보았더라면 아마 유네스코에서 세계지질공원으로 지정해 주었을지 의구심이 든다. 규봉에 있는 지공너덜은 자연 그대로 둔 상태로 사람이 그 위

▲ 덕산너덜

를 지나다니고 있어 자연훼손을 최소화하면서도 불편하지 않을 수 있다는 것을 보여준다. 개인적으로는 아스팔트길은 걷어 내고 덕산너덜을 복원하는 등의 노력이 필요해 보인다. 그것이 유네스코가 인정한 세계지질공원의 명성에 걸맞는 일이며, 이 시대가 고민해야 할 소명이라고 본다.

덕산너덜을 좀 더 들여다보자. 덕산너덜은 중봉과 동화사 터를 잇는 능선의 서쪽 사면에 만들어져 있다. '중단된 일주도로'의 덕산너덜은 너덜의 아래 끝부분이며 너덜 허리부분에 또 하나의 횡단길이 있으니 옛길로 늦재에서 백운암 터에 이르는 길이다. 옛길로 늦재에서 동화사 터 방향으로 700m쯤, 바람재에서 동화사 터 방향으로 300m쯤에 사거리가 있다. 사거리는 늦재·바람재·동화사 터·백운암 터로 가는 길이 교차하는 곳이다. 여기서부터 백운암 터까지 1.7km에 이르는 길이 덕산너덜을 횡단하는 옛길이다.

덕산너덜을 종단하며 볼 수 있는 길도 있는데 토끼등에서 동화사 터를 오르는 길이다. 또한 600m에 이르는 백운암 터와 중머리재 사잇길도 크고 작은 너덜을 횡단한다. 이 너덜은 과거에 서석대·입석대·광석대보다도 더 거대한 주상절리대였으리라. 서석대 등의 미래 모습이다. 서석대·입석대·광석대의 주상절리대와 덕산너덜길 그리고 규봉암과 지공너덜길을 걷지 않고는 무등산의 진정한 신비함을 보았다고 말할 수 없을 것이다.

이 무등산의 역사가 약 8,000만 년 전부터 시작된 것에 비해 인간의 역사를 보자면, 최초의 직립보행 원시인 오스트랄로피테쿠스(남방의 원숭이)가 약 400만 년 전에 나타났고, 현생인류는 고작 20~10만 년 전에 등장했다. 무등산을 걷다보면 인간은 자연에 비하면 참으로 가벼운 존재임이 새삼 느껴지곤 한다.

'늦재'는 우리말이고 한자어로는 '만치晩峙'라 불린다. 원효 8경이라 해서 원효계곡의 아름다운 8가지 풍경을 꼽는다. 무등명월無等明月·서석귀운瑞石歸雲·삼전열적蔘田烈蹟·원효폭포元曉瀑布·원효모종元曉暮鐘·의상모우義湘暮雨·안양노불安養老佛·만치초적晩峙草笛이다. 만치초적은 늦재에서 들려오는 나무꾼들의 풀피리草笛 소리라는 뜻인데 옛 사람들은 이곳을 이렇게 노래했다.

만치초적 晚峙草笛

작대기로 솔방울 치기, 자치기, 제기차기, 투호놀이,

잔디로 뭉쳐 만든 공차기, 묘에서 밀어내기, 점령하기,

숨바꼭질, 여우놀이, 늦재에서 나무꾼들이 편을 갈라

놀이하며 응원하는 기막힌 풀피리 소리는

나그네를 깊은 향수鄕愁에 젖게 하네.

늦재는 나뭇꾼들이 늦은 해질녘에 일을 마치고 내려오는 마지막 고갯길로 풀피리 불며 지친 몸과 마음을 달래던 곳이었다. 지금도 그 언저리에 만치정晚峙亭을 만들어 쉼터로 두고 있다. 연탄도 없던 시절에는 무등산의 땔감에 의존해야 했다. 그때 이 늦재를 넘나드는 나무꾼이 헤아릴 수 없을 만큼 많았다고 한다.

바람재 역시 널리 산재해 있는 고갯길 이름이다. 사시사철 바람이 넘나드는 곳이라 해서 바람재라 한다. 아니나 다를까 바람 때문인지 이곳은 다른 곳에 비해 나무들과 꽃들이 비교적 작고 초목류들이 자리한다. 이곳의 쉼터인 청풍대淸風臺에 들러 흐르는 땀을 씻어 본다.

토끼등은 토끼봉의 등성이에 있는 고개다. 예로부터 소리꾼들이 득음하기 위해 몰려들었다고 해서 '소리봉'이라고도 불렀다. 그래서

▲ 늦재의 쉼터인 만치정

쉼터의 정자 이름을 '소리정'이라 지었다. 늦재의 만치정, 바람재의 청풍대, 토끼등의 소리정을 지날 때마다 이왕이면 우리 전통의 정자를 기본형태로 삼아 지었더라면 더 좋지 않았나 생각해본다.

토끼등을 지나면 두 개의 돌무더기 탑이 서 있는 봉황대에 이르게 된다. 봉황대는 봉황새가 머물러 있는 곳이라는 뜻인데, 옛사람들이나 지금 사람들이나 매우 다양한 의

미로 애용하는 흔한 보통명사다. 경주에서는 신라시대 고분 중 가장 큰 고분을 봉황대(경주봉황대고분군, 사적 제38호)라 부르고, 김해에서는 가야 시대의 주거지 터와 조개무더기인 패총이 있는 취락지구를 봉황대라 부르며, 정자 등 건축물 이름과 바위 이름에도 많이 사용되었다.

무등산의 봉황대는 조그만 평지로 새둥지처럼 편하게 머물 수 있는 곳이어서 붙여진 이름이지 않을까 생각해본다.

봉황대에 얽힌 전설이 있는데 이 이야기로부터 이름의 기원을 얻을 수 있을지 모르겠다. 전남 보성 대원사라는 절의 창건설화에서 무등산 봉황대가 등장한다. 신라에 불교를 처음 전파한 아도화상이 서기 503년에 대원사를 창건했는데, 그 사연은 이렇다.

경상북도 선산군 모래네 집에 숨어 살면서 불법을 전파하던 아도화상의 꿈속에 봉황이 나타나 말하기를 오늘밤 사람들이 너를 죽이고자 칼을 들고 오고 있으니 어서 일어나라고 한다. 이에 깜짝 놀라 일어나 보니 창밖에 봉황이 날갯짓하는 것을 보게 되었다. 이 봉황의 인도를 받아 광주 무등산 봉황대까지 왔는데, 그곳에서 봉황은 어디론가 사라져 버렸다. 아도화상은 석 달 동안 봉황을 찾아 호남의 산을 헤매다가 지금의 보성 땅에서 봉황이 알을 품고 있는 형상의 봉소형국鳳巢形局을 찾아냈다. 이에 기뻐 춤추며 산 이름을 천봉산이라 부르고 그곳에 대원사를 지었다.

한편, 봉황대 자리에 돌탑 두 개가 세워져 있다. 이 돌탑을 봉황대라고 부르기도 한다. 상상의 동물인 용을 용신龍神으로 모시듯이 전설 속의 새인 봉황도 신으로 받들어 이 돌탑에 모셔 놓고 소원을 비는 것이다.

봉황대를 지나면 천제단 삼거리가 나온다. 삼거리에서 왼쪽으로는 백운암 터를 지나 중머리재로 오르는 길이고, 오른편 아랫길로 100m만 들어가면 천제단天祭壇이 조용히 자리 잡고 있다. 우리나라를 대표하는 천제단인 강원도 태백산 정상 부근의 것과 모습이 닮아있다.

천제天祭는 국태민안을 기원하는 집단적 의례로 삼한시대부터 유래하는데, 5월과 10월에 행했으며 고려와 조선시대에도 공식적으로 이어져 왔다. 조선후기 김정호가 쓴 『대동지지』에 천제에 대한 글이 나온다.

▲ 『호남읍지』에 기록된 무등산 천제단

▲무등산 천제단

제터에서 무등산단이라 쓰고, 신라 때에는 무진악이라 불렸고, 명산으로서 소사小祀를 지냈다. 고려 원종 14년 봄과 가을에 무등산에서 제사 지내도록 명하였으며, 본조(조선)에서도 봄과 가을에 제사를 올리도록 본읍(광주)에 명하였다.

여기서 말하는 무등산단은 지금의 천제단이라 여겨진다. 무등산은 적어도 통일신라 때부터 더 멀리로는 삼한시대 이전부터 지리산과 나주 금성산과 더불어 호남에서 행해진 대표적인 공식적 국가의 제터였다. 국가의 공식적 제터였으므로 민간에 있어서는 더 말할 나위가 없었다.

무등산 신사神祠에 관한 최부(崔溥, 1454년~1504년)의 『표해록』 속의 이야기에서 천제에 대한 의식을 들여다 볼 수 있다.

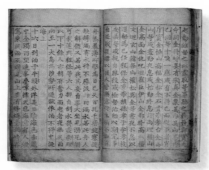
▲ 『표해록』

큰 바다 가운데서 표류하였습니다. 이날은 맑았습니다. 신시에 배가 표류해 한 섬에 이르니 동, 서, 남의 3면面이 아득하게 끝없이 멀어 눈을 가리는 것이 없었으나, 다만 북풍을 피할 만한 곳은 있었는데 도리어 닻이 없는 것이 근심이 되었습니다. 처음에 제주도를 출발할 때는 배가 매우 큰데도 실을 물건이 없으므로 몇 개의 돌덩이를 배 안에 실어서 배가 요동하지 못하게 하였는데, 이때에 와서 허상리許尙理 등이 새끼줄로 그 돌 4개를 얽어매어 합쳐서 임시 닻을 만들어 배를 머물게 하였습니다. 안의安義가 군인 등과 서로 말하여 신에게 알아듣도록 하기를, 이번 행차가 표류해 죽게 될 까닭을 나는 알고 있었습니다. 자고로 무릇 제주도에 가는 사람들은 모두 광주光州 무등산無等山의 신사神祠와 나주羅州 금성산錦城山의 신사에 제사를 지냈으며, 제주도에서 육지로 나오는 사람들도 모두 광양廣壤·차귀遮歸·천외川外·초춘楚春 등의 신사에 제사를 지내고 나서 떠났던 까닭으로, 신神의 도움을 받아 큰 바다를 순조롭게 건너

갈 수가 있었는데, 지금 이 경차관은 특별히 큰소리를 치면서 이를 그르게 여겨, 올 때도 무등산과 금성산의 신사에 제사를 지내지 않았고, 갈 때도 광양의 여러 신사에 제사를 지내지 않아 신을 업신여겨 공경하지 않았으므로, 신 또한 돌보지 아니하여 이러한 극도의 지경에 이르게 되었으니 누구를 허물하겠습니까?

고대로부터 수천, 수만 년의 세월을 인간은 하늘, 땅, 바다, 태양 등을 절대적인 의지처로 삼아오며 여기에 그 자취를 남겨놓고 있는 것이다. 방식은 다르지만 고대 이집트나 그리스 로마에서 가장 정성을 다해 만들었던 신전神殿과 같은 건축물이다.

이곳 천제단과 함께 나라의 안녕과 지역민의 평안을 기원했던 제사 유적이 있다. 광주사직공원光州社稷公園에 자리한 사직단社稷壇이다. 전통 사회에서 종묘사직은 국가 그 자체를 상징하는 건축물이다. 종묘는 태조로부터 왕들의 신위를 모신 곳이고, 사직社稷은 토지를 관장하는 사신社神과 곡식을 주관하는 직신稷神을 가리킨다. 통칭하여 '토지의 신'에게 제사 지내는 단을 만들어 모신 곳이 사직단社稷壇이다.

국가는 궁궐 왼편에 종묘를 두고 오른편에 사직단을 세웠으며, 조선은 지방에도 사직서라는 관청을 두어 사직단에서 2월(중춘)·8월(중추)에 각각 1회씩 제사를 지냈다. 봄에는 파종해 그것이 잘 자라기를 빌고, 가을에는 수확을 감사하는 의례였다.

사직단이 있는 지명도 사동社洞으로써 예로부터 사직단이 있는 동네라 불렸음을 의미한다. 1894년 동학혁명이 시작된 해에 제사는 폐지되었고, 일제에 의해 공원으로 만들어져 벚꽃 관광명소로 알려지기도 했다. 1960년에 동물원이 들어서면서 사직단이 헐렸다가 1994년에 복원되었다.

사실 저자는 고등학교 생활을 사동에서 보냈는데 그때는 사직공원에서 배드민턴 운동이나 했지 사직단이 있었는지도 몰랐고 당연히 사직공원의 의미도 몰랐다. 국사 시간에 역사를 달달 외우면서도 내 옆의 공원의 역사에 대해서는 까막눈이었으니 부끄럽기 짝이 없다.

천제단에서 나와 중머리재로 향해 조금 가파른 언덕을 올라보면 백운암 터가 있다. 바로 인근에 동화사 터도 있는데 예전엔 증심사·원효사·규봉암·석불암 뿐만 아니라 산 아래로부터 산 정상에 이르기까지 암자가 수없이 산재해 있었다는 것을 알 수 있다.

▲ 광주 사직공원에 있는 사직단

그런데 백운암 터를 보면 절의 흔적이라고는 찾을 수 없으니 시간이라는 게 흔적과 기억을 이렇게도 지울 수 있는가 보다 생각하게 된다. 백운암은 그 이름에 얽힌 전설만 남겼다.

옛날 한때 광주고을에 전염병이 들어 많은 사람이 죽어 나갔다. 오씨라는 한 선비 집안도 식구가 많이 죽어 선비와 외동딸 운주만이 살아남았다. 그 와중에도 선비는 공부에 열중하였고 운주는 정성껏 그 뒷바라지를 하였다. 선비는 드디어 과거에 급제해 광주목사에 발령받게 되었는데 기뻐할 일만이 아닌 상황이 있었다. 왜냐하면 광주목사로 부임하기만 하면 목사들이 첫날밤에 죽어나가는 괴이한 일이 벌어지고 있었기 때문이다. 이를 막기 위해 조정에서 날랜 군사들을 보내 호위하도록 하였지만 번번이 실패하게 된다. 그래서 점술과 풍수에 능한 자들을 불러 물어보니 지네의 집터에 목사의 관아가 지어져 있는 형국이라 지네가 목사의 잠자리를 괴롭히기 때문에 발생하는 일이라는 것이었다.

이에 운주는 아버지에게 목사 부임을 만류했지만 아버지는 왕명을 거절할 수 없다며

52

▲ 백운암 터

▲ 딱따구리

부임한다. 운주는 아버지의 뜻을 이웃 어른들에게 이야기하니 염불암에 가서 부처님께 기도하면 무사히 넘길지도 모른다는 소식을 들었다. 그래서 운주는 부친이 부임하는 날까지 석 달 동안 염불암을 찾아가 부처님께 아버지가 무사하게 직무를 수행하게 해 줄 것을 빌었다.

그러던 어느 날 꿈에 하늘로부터 관음보살이 흰 구름을 타고 와 한 손에는 정병을, 또 한 손에는 연꽃을 들고서 '그대는 효성이 지극하고 가문을 새롭게 일구고자 하는 뜻이 높아 부처님께 염을 하는 자세가 지극하니 부처님께서 그대의 가문을 구하라 하셨네.' 하며 정병에서 두꺼비를 꺼내주면서 '그대의 아비가 부임하는 날 밤에 이 두꺼비를 방구석에 놓아두어라.'라고 했다. 그런데 하루는 운주가 부엌에서 설거지를 하고 있는데 살강과 하수구에서 두꺼비가 나타났다. 운주는 이 두꺼비에게 남은 음식을 먹이며 함께 살게 됐다.

드디어 아버지가 목사로 부임하는 날이 다가오게 되고 운주는 아버지의 방에 들어 꿈속의 이야기를 떠올리며 두꺼비를 구석에 두고 자게 한다. 아니나 다를까 아침에 일어나보니 목사의 방 안에서는 광에서 넘어온 지네와 두꺼비가 서로 독을 뿜으며 싸우다 마주보고 있는 모습으로 죽어 있었다. 이 두꺼비 덕분에 목사는 무사하게 된 것이다.

임금도 광주목사부임 소식이 궁금하던 차에 이 소식을 듣고 운주에게 큰 상을 내리고 왕세자빈으로 간택하고 교지를 내렸다. 운주는 왕세자빈이 되어 염불암을 새로 크게 중창하였는데, 암자의 벽에 관음보살이 흰 구름을 타고 와 한 손에는 연꽃을 들고 한 손에는 정병에서 두꺼비를 꺼내 운주에게 주는 그림을 그렸다. 이후 염불암을 흰 구름이 있는 암자란 뜻으로 '백운암白雲庵'이라고 부르게 되었다.

백운암은 원효사 등 다른 사찰과 마찬가지로 한국전쟁 때 화재로 소실되고 만다. 원효사는 중창이 되었지만 백운암은 흔적이 없고 '백운암 터'라는 이름과 전설만을 남겼다.

이 산길에는 딱따구리가 산다. 나무를 쪼아 대는 소리는 항상 온 산을 울려 신기해 발걸음을 멈추고 고개를 돌려 바라보곤 한다. 겨울날 아침에는 배가 고파서 그런지 더 세게 나무를 쪼아대는 소리를 들을 때면 먹이를 찾는 산짐승들의 산중 생활을 느끼게도 한다.

산을 내려와 원효사에 다다르면 경내를 둘러보고 감로수 한 바가지로 목을 축인다. 대웅전 법당 안에서 관세음보살 명호를 계속 부르는 스님의 독경과 목탁 소리가 요란하여 들여다보니 스님 뒤에서 한 여인이 엎드려 슬피 울고 있었다. 탱화 속 관세음보살님이 그 맨발로 어서 내려와 저 여인의 슬픔을 달래 주셨으면……

04. 증심사에서 중머리재 거쳐 중봉과 장불재 길을 걷다.

증심사에서 중머리재 거쳐 중봉이나 장불재로 가는 길은 여러 갈래이다. 이중 대표적인 길이 당산나무를 지나 오르는 길이다. 증심사 일주문을 지나 100m만 가면 우측에 등산로가 나타난다. 중머리재까지 약 2km로 1시간가량 걸린다. 거기서 장불재까지는 1.5km로 40분 정도의 길이며, 중봉까지는 1km다. 딱따구리 등 새소리를 들으며 걷는 즐거움이 있다. 계속 오르막이니 쉬엄쉬엄 걸어야 좋다.

증심사는 광주 무등산의 대표 사찰이다. 원효사가 생긴 지 약 200년 후인 9세기 중엽 통일신라시대의 철감선사 도윤(798~868)이 세웠다고 전해지는 유서 깊은 절인데 1094년(선종 11) 혜조국사慧照國師가 중창하였고, 1443년(세종 25) 김방金倣이 다시

▲ 일제강점기 증심사 모습

▲ 증심사 삼층석탑, 통일신라, 높이 340cm,
광주시유형문화재 제1호

▲ 증심사 철조비로자나불좌상, 통일신라, 높이 97cm, 보물 제131호

중창했다. 정유재란으로 불타버린 뒤 1609년(광해군 1) 석경釋經, 수장修裝, 도광道光 3선사가 또 중창했다고 한다.

그 후 수차례의 보수를 거치면서 근년에까지 이르렀으나, 한국전쟁으로 1951년 4월 22일에 오백전과 노전(사성전)을 제외한 대웅전·명부전·극락전·회승당·취백루 등 조선 중기의 건축물들이 모두 소실되었다. 또한 이들 전각에 봉안되어 있던 불상과 탱화를 비롯해 범종, 탑 등의 귀중한 문화재들이 소실되는 막대한 피해를 당했다.

증심사의 현존 건물은 오백전을 제외하고는 대부분 1970년~1980년대에 복원된 건축물들이다. 그러나 오백전 앞에 자리하고 있는 '증심사 삼층석탑證心寺 三層石塔'(광주광역시 유형문화재 제1호)은 2단의 기단基壇 위에 3층의 탑신塔身을 올린 형태로, 통일신라 석탑의 전형적인 양식을 따르고 있어 통일신라시대 창건된 사찰이었음을 증명하고 있다.

증심사 비로전에 모셔진 증심사 철조비로자나불좌상證心寺 鐵造毘盧舍那佛坐像(보물 제131호)은 진리의 세계를 상징한다는 비로자나불이다. 1934년 증심사로 옮겨온 것인데, 전라남도 광주군 서방면 동계리 폐사지에서 옮겨 왔다고도 하고 일설에는 당시 광산군에 있는 대황사大皇寺라는 절에서 옮겨왔다고도 하는데, 확실하지 않다고 한다. 현재 광배光背와 대좌臺座는 잃어버린 상태다. 그러나 이 철조불상은 대한민국의 보물로서 광주·화순·담양권을 통틀어 10개도 안 되는 국보·보물 중 하나이다. 9세기 후반에 만들어진

이 불상은 균형 잡힌 비례감과 자비로운 얼굴표현이 뛰어나 장흥 보림사와 철원 도피안사 철조비로자나불좌상과 비견되는 불상으로 한국 조각사에 큰 의의를 지니고 있다.

증심사 오백전五百殿(광주광역시 유형문화재 제13호)은 대웅전 뒤편에 자리한 맞배식 건물로 오백나한과 10대 제자상을 봉안하고 있다. 조선시대 오백전이 전남지방에서 지어진 유일한 사례이기도 하다. 오백전 건축에 관해서는 아래와 같은 전설이 전해져 온다.

조선 세종대왕 시절, 광주에 김방이라는 사람이 있었다. 당시 가뭄이 잦아 고을 사람들이 흉년에 시달렸다. 김방은 이 일을 안타깝게 여겨 당시로서는 큰 공사인 방죽 축조공사를 벌였다. 큰 못을 파서 무등산에서 흘러내린 물을 고이게 해 농사에 쓰고자 했다.

그러나 2년에 걸쳐 많은 노력을 기울여 방죽을 만들었으나 그해부터 3년간 계속 가뭄이 들어 굶주리는 사람들이 늘어만 갔다. 이를 괴로워한 김방은 사흘 밤낮을 식음을 전폐하고 하늘을 우러러 비가 내리기를 기원했다. 기우제를 마친 날 밤,

▲ 증심사

▲ 증심사 오백전과 내부 모습

김방의 꿈에 관음보살이 나타나 '증심사를 중건해 오백전을 짓고 거기에 오백나한을 봉안하라.'는 것이었다. 이에 김방은 서둘러 오백나한을 조성하고 증심사 중건에 나섰는데 이 일에 부정을 탈까 염려해 스스로 육식을 금하고 손수 공사현장에서 일꾼들을 격려했다.

일을 시작한 지 반년이 지나자 김방의 건강은 점차 나빠지고 과로로 인해 몸은 여위어 갔다. 온 고을 사람들이 그의 지성에 감복하며 건강을 염려하여 여러 집에서 매일 닭을 잡아다가 먹기를 권하였다. 김방은 백성들의 간절한 권유를 뿌리치지 못하고 닭똥집 몇 점만을 먹고 나머지는 일꾼들에게 고루 먹게 했다. 이러한 그의 노력으로 공사는 순조롭게 진행되고 있었다.

그러던 어느 날 궁중에서 낮잠을 자던 세종대왕의 꿈에 난데없이 광주에서 왔다는 수백 마리의 닭들이 엎드려 아뢰기를 '어지신 임금이시여, 광주 땅에 김방이라는 자가 있는데 무등산 골짜기에 수천 명의 장정들을 모아놓고 군사훈련을 시키면서 역적모의를 하고 힘을 얻기 위해 우리 닭들을 수백 마리씩이나 죽이고 있으니 임금께서는 이 축생들에게도 자애를 베푸시어 김방을 잡아 죽여주옵소서.'라고 하더라는 것이었다.

깜짝 놀라 깨어난 세종대왕은 지체 없이 군사를 불러 3일 안으로 김방을 잡아올 것을 명령했다. 금부도사가 이끄는 군졸들은 밤낮으로 말을 달려 광주에 이르러 곧바로 무등산으로 들어가려 하였다. 그런데 홍림교 근처에 이르자 갑자기 말들의 발이 땅에 붙어서 떨어지지 않았다. 기괴한 일에 당황한 군졸들이 말에서 내리려 했으나 말 등에서 몸이 떨어지지 않아 움직일 수가 없었다.

한편 닭들의 꿈을 꾼 세종대왕은 이상하게 여기며 그날 밤 침상에 들었는데, 어렴풋이 잠이 든 순간 어린 사미승 수백 명이 꿈에 나타나 '대왕께 아뢰옵니다. 어찌 영민하신 대왕께서 미미한 닭들의 참소를 들으시나이까. 김방이 매일 닭의 내장을 먹는 것은 사실이지만, 김방은 일찍이 김제金堤의 벽골제碧骨堤를 중수하고 광주에 방죽을 만들었으며, 다시 힘을 모아 증심사를 중건하고 오백나한을 조성하려는 갸륵한 뜻에서 하는 일이오니 굽어 살피시어 금부도사를 곧 거두도록 분부하소서. 만일 그렇지 않으면 나라에 큰 환란이 있을 것이옵니다.'라고 아뢰는 것이었다.

꿈에서 깨어난 세종대왕은 곧 명을 내려 금부도사를 돌아오도록 하였다. 금부도사 일행이 말에서 내리지 못하고 씨름하고 있을 때 멀리서 어명이 거두어졌음을 전하고 돌아올 것을 명령하자 비로소 말과 사람이 움직여졌다.

이 관군들이 움직이지 못하고 선 채로 이틀 밤낮이나 꼬박 지샜으므로 이 거리를 관군이 서 있었던 거리라 하여 '선관이' 또는 '선거리'라고 부르게 되었다. 지금의 홍림교洪林橋를 '배고픈 다리'라고 부르는 것도 그때 관군들이 이틀 밤낮 동안 굶주리고 배고픔에 시달렸기 때문이라고 한다.

절을 둘러보면 인상적인 벽화가 있다. 지옥에서 죄인의 혀를 길게 뽑아내서 그 위에 쟁기질을 하는 그림이다. 무서운 광경인데도 과장된 표현에 웃음이 난다. 절집을 돌아다니다 보면 의식적인 듯 엄숙한 공간의 분위기를 깨뜨려버리는 해학적 작품이 설치된 것을 종종 발견할 수 있어서 좋다.

이 그림은 지옥의 재판 중 사후死後 다섯 번째 7일(35일)의 발설지옥拔舌地獄을 묘사한 것으로서, 염라대왕이 주관해 말로 죄를 지은 자들의 혀를 뽑는 장면이다. 불교의 대표적인 경전인 천수경의 첫 진언眞言은 '정구업진언淨口業眞言'으로 입으로 지은 업業을 없애게 하는 진언이다. 모두가 한 번쯤 들어본 '수리수리 마하수리 수수리 사바하(3회 반복)'이다.

산스크리트어로 '수리'는 길상존吉祥尊 내지 행복의 의미로 해석될 수 있고, '마하'는

▲ 증심사의 발설지옥 벽화

크다는 의미이며, '수수리'는 지극하다는 뜻이다. '사바하'는 기원한다는 의미인데 기독교의 '아멘(Amen)'과 같다 하겠다. 곧 '행복하소서, 행복하소서, 꼭 그렇게 되소서.'라는 말이다. 모두의 행복을 비는 좋은 말로 입으로 지은 죄업을 없애려 하는 간절한 바람이 담긴 진언인 것이다.

독송에 수십 분이 소요되는 천수경의 첫 마디에서 말로부터 생기는 업에 유의하라는 뜻을 전한 것이 흥미롭기도 하고, 여러 생각을 하게 하는데 증심사는 그와 연관된 이야기를 벽화로 보여주고 있어 깊은 인상을 남긴다.

증심사 앞을 지나 한 고비 언덕을 넘으면 당산나무가 나타난다. 이 길의 제1주인공은 당산나무가 아닐까? 산에는 산신이 있다면 마을에는 마을을 지키는 당산신 또는 서낭신이 있다. 서낭신이 사는 곳이 당산나무인데 마을을 지키기 때문에 마을 중앙이나 마을 입구 또는 가장자리에 자리하고 있다.

당목은 하늘과 땅을 연결하는 매개체이기도 하다. 단군신화에서 단군의 아버지이자 신神인 환웅이 하늘에서 내려온 곳이 신단수神壇樹였다. 한 민족은 어쩌면 이 나무 앞에서 노래하고 춤추기 시작한 것인지도 모른다. 그래서 당산나무 앞 공간에는 제를 지내는 제단이 있었다.

▲ 늘 사람들을 품어주고 있는 무등산 당산나무

▲ 무등산 계곡의 맑은 물

▲ 광주천 발원지 안내문

당산堂山은 우리나라에만 있는 토템신앙(totemism)으로서 대개 느티나무다. 마을사람이든 외지인이든 당산나무를 조금이라도 해치면 징벌을 받는다는 굳은 믿음으로 보호받으며 노거수老巨樹로 성장한다.

이곳 당산나무도 나이가 500세이다. 지금은 오가는 사람들의 쉼터로써 남아있지만, 여전히 500년의 세월을 무색하게 할 만큼 당당하고 푸르게 서 있다.

길을 지나다 혹 마음속에 갈구하는 바가 있다면 이 나무 앞에서 두 손 모아 빌어볼 일이다. 나무 꼭대기가 흔들린다면 분명 서낭신이 알아차리고 있음이라.

바로 옆의 증심사에서 템플스테이(Temple Stay) 행사를 운영하고 있는데 오전 중 '걷기 명상프로그램'으로 이 길을 이용하고 있었다. 등산로 중 이곳 주변이 유일하게 평지를 걷는 곳이니 명상로로 적정하였으리라. 당산나무는 마을이 있다는 전제조건으로 존재하였음을 볼 때 예전에는 이곳 주변이 주거지역이었던 것으로 추정해보며 다시 길을 나섰다.

고갯마루가 초원처럼 시원하게 펼쳐져 있는 중머리재 이야기다. 이곳은 스님의 머리 모양을 닮았다고 하여 중머리재라 부르는데 한자어로 '승두봉僧頭峯'이라고도 했다. 제봉 고경명의 『유서석록』에는 '중령中嶺'으로 기록되어 있다.

장불재 바로 아래에는 광주천 발원지가 있다. 너덜겅 틈새로부터 나오기 시작하는 물줄기가 보이는데 여기부터 샘줄기가 흘러 나가 용추계곡을 통해 제2수원지에 머문다. 그리고 광주천을 따라 시내를 관통하여 영산강과 합류한다.

1574년 초여름인 음력 4월 20일부터 24일까지 무등산을 유람했던 제봉霽峰 고경명 (高敬命, 1533~1592) 선생이 기행문『유서석록遊瑞石錄』을 썼다. 그 중 광주 목사 갈천葛川 임훈(林薰, 1500~1584)과 함께 중머리재에서 이곳을 거쳐 입석대로 가는 대목을 이렇게 적었다.

임선생이 먼저 냉천정冷泉亭에 이르러 뒤에 오는 자들을 기다리고 있었다. 샘이 나무 아래 돌 틈에서 솟아났으니, 그 찬물이 도솔천에는 미치지 못하나 단맛은 그보다 더한 듯싶다. 때마침 모두 목이 말라서 앞다투어 그 물에 콩가루를 타서 마셨으니 비록 금장옥례金漿玉醴(금과 옥을 녹여 만든 맛 좋은 술)도 그 시원함에 비길 수 없었다.

여기에서 샘골을 '냉천정冷泉亭'이라 불렀다. 정자 이름이다. 저자의 생각으로는 '우물 정井'자를 '정자 정亭'자로 잘못 적은 것으로 보인다.

▲ 바위틈에서도 늠름한 기상을 보여준 무등산의 소나무

마지막으로 중머리재에서 중봉으로 가는 길을 살펴보자. 장불재 방향으로 100여m 오르면 왼쪽에 중봉으로 가는 갈림길이 나온다. 장불재로 가는 길보다 짧지만 오르막 경사가 심해 처음 오르는 사람은 힘들다고 느낄 수 있다.

비교적 어려운 길이지만 그만큼 보상은 크다. 남서쪽의 전망이 정말 시원하게 펼쳐져 있다. 왼쪽을 바라보면 장불재에서 제2수원지에 이르는 용추계곡이 한눈에 들어오고, 약간 오른편으로 중머리재·서인봉·새인봉 그리고 학동 방면의 시내가 훤히 내려다보인다.

중봉에 못 미쳐 왼쪽으로 동화사 터 가는 오솔길을 걷는 것도 좋고, 중봉 정상에서 장불재나 서석대 방향으로도 갈 수 있다. 토끼등, 바람재, 늦재로부터 동화사 터를 거쳐 중봉 또는 서석대를 갈 수 있는데 오르막이 계속 이어지는 길이라 쉬엄쉬엄 걸어야 한다.

중머리재에서 중봉에 오르는 길에서는 갈라진 바위틈에 뿌리 내리고 강건하게 서 있는 소나무 한 그루를 볼 수 있다. 평평한 바위가 여러 갈래로 갈라져 있고 그 갈라진 틈 사이로 뿌리들이 용이 꿈틀거리듯 뻗어 있다. 바위 많은 무등산에서 살아가는 나무들을 대표하는 모습이라 여겨진다.

바위가 처음부터 그렇게 심하게 갈라져 있었다기보다는 소나무가 자라면서 바위틈을 더 크게 벌려놓은 것이리라.

캄보디아 유적인 앙코르와트(도시의 사원)의 열대성 나무들이 석조 건축물의 돌들을 휘감아 들어 올리면서 자라고 있는 모습을 상기하면, 이 소나무는 앞으로 어떤 모습으로 바위와 살아가는지 지켜보고 싶어진다.

▲ 새인봉

05. 증심사 입구에서 운소봉·새인봉·서인봉·약사암으로 가다.

증심사에서 중머리재 가는 길 다음으로 알려진 길은 증심사 입구→ 운소봉→ 새인봉→ 새인봉삼거리→ 약사암→ 증심사 입구로 한 바퀴 돌아오는 길이다. 3.2km에 불과하지만 2시간쯤 걸린다.

반대로 증심사 입구→ 약사암→ 새인봉삼거리→ 서인봉→ 중머리재 길을 걷는 사람들도 많다. 증심사 상가지구→ 운소봉 1.7km→ 새인봉 0.3km→ 새인봉삼거리 0.4km→ 서인봉 0.9km→ 중머리재 0.4km→ 약사암 0.4km→ 증심사 입구 0.8km 거리여서 비교적 편한 길로 보일 수 있다.

그러나 운소봉을 거쳐 새인봉에 이르는 길은 산봉우리와 산봉우리 사이를 잇는 길이어서 험한 편이다. 오르막과 내리막이 심하고 좌우에 낭떠러지가 있어서다. 지금은 상당 구간에 나무 계단을 조성해 안전하지만, 이전에 눈 내린 겨울에는 엄두도 내지 못하는 길이었고, 평소에도 기어서 오르내리는 구역이 많았던 곳이다.

지금도 여름에는 한걸음 뗄 때마다 땀이 비오듯 하니 겨울과 여름에는 편한 길이 아니다. 하지만 험한 계곡 탓에 이 길 주위의 산림은 원시림의 아름다움을 잘 간직하고 있다는 느낌을 받는다. 좌우 아래에 펼쳐진 계곡들을 내려다보면서 걷게 되는데 눈이 절로 시원해진다. 그래서 자꾸 멈추어 쉬어가고픈 길이다.

4월 중순에 이르러서는 좌우 계곡으로부터 연인 간의 숨결 같은 포근한 봄기운이 넘쳐 올라옴을 느낄 수 있다. 대부분은 절정의 때를 지나갔지만, 산벚나무꽃들이 일부 피어있어 숲속의 나무들 사이로 사선을 그으며 뿌려지는 하얀 꽃잎들은 겨울에 눈 내리는 모습보다 더 환상적이었다.

봄날엔 흰빛, 분홍빛, 붉은빛의 산벚나무꽃들이 저 계곡 너머 중봉과 장불재 주변에서도 울긋불긋 피어올라 마치 비단에 펼쳐진 문양처럼 아름답기 그지없다.

▲ 약사암 삼층석탑, 통일신라, 높이 332cm

▲ 약사암 석조여래좌상, 통일신라, 높이 226cm, 보물 제600호

새인봉璽印峯은 정상의 바위 모양이 마치 임금의 옥새 모양과 같다 해서 불린 이름인데 '인괘봉印掛峯'이라고도 했다.

약사암은 새인봉삼거리에서 내려오는 길에 자리 잡고 있다. 증심사 일주문 앞 갈림길에서는 왼쪽으로 가면 증심사요, 오른쪽으로 약 600m에 약사암이 있다. 약사암은 새인봉을 정면으로 바라보고 있는데 너무 가깝게 보여 문득 답답하게 느껴지기도 한다.

약사암은 증심사를 창건하기도 했던 통일신라시대 철감선사 도윤道允 스님이 847년 (문성왕 9) 당나라에서 귀국한 뒤 창건해 인왕사人王寺라고 했다가, 고려 예종(재위 1105~1122) 때 혜조慧照국사 스님이 중창해 약사암으로 바꾸었다 한다.

한국전쟁 당시 전란의 피해를 입어 1974년부터 1984년까지 새로이 중창해 지금의 모습을 갖추었다. 그 와중에도 통일신라말 9세기에 만들어진 석조여래좌상(약사암 석조여래좌상, 보물 제600호)은 그대로 모습을 간직한 채 오늘에 이르고 있다. 질병에 빠진 모든 중생을 구제한다는 약사불藥師佛은 천년을 넘게 중생과 같이 하고 있는 것이다.

약사암에서 내려오는 길에서야 비로소 계곡물 소리가 들리기 시작한다. 4월 중순인 때에

▲ 죽단화

▲ 버들치

이르러 길 좌우에 진한 노란색의 죽단화가 피어 있다. 이 꽃은 황매화黃梅花와 비슷하다. 약사암의 봄길엔 철쭉이 제일이요, 가을엔 붉은 상사화가 아름답다던데 철쭉이 오기 전에 죽단화가 먼저 길을 밝히고 있나 보다.

맑은 계곡물을 들여다보니 손가락 크기를 넘나들어 보이는 물고기들이 떼지어 다니고 있어 깜짝 놀랐다. 안내문을 보니 버들치라 하며, 깨끗한 1급수에서만 사는 지표종이란다. 이곳과 같은 산골짜기 맑은 물에서 살기를 좋아한단다.

옛날 사람들이 '버들 유柳'자를 써서 '유어柳魚'라고 불렀는데 주로 강가의 버드나무 아래에서 헤엄치며 살아서 붙여진 이름이라고 한다. 조선 후기의 실학자 서유구(徐有榘, 1764~1845)가 쓴 『임원경제지林園經濟志』에도 유어를 '버들치'라고 적고 있다.

계곡에 종종 아이들을 들여보내거나 어른들도 함께 발을 담그고는 하는데 그곳은 버들치의 터전이니 그들의 온전한 공간으로 남게 하는 것이 어떨까?

06. 무등산 옛길 따라 서석대와 입석대를 찾다.

무등산 옛길은 2009년부터 2010년까지 3구간으로 나누어 조성되었다. 제1구간 및 제2구간은 도심인 산수동에서 출발해 서석대까지 오르는 11.87km 길이다. 제3구간은 산수동에서 시작해 환벽당 등 가사문화권 지역에 이르는 11.3km 길이다.

제1구간과 제2구간은 연결되어 있는데 산수동에서 원효사 입구·무등산장까지 7.75km가 제1구간이고, 다시 서석대까지 4.12km가 제2구간이다.

좀 더 자세히 노정을 들여다보면 제1구간은 산수동오거리➔ 수지사 입구➔ 무진고성·잣고개➔ 제4수원지➔ 청풍쉼터➔ 원효터널➔ 관음암 입구➔ 원효사 입구➔ 무등산장에 이르는 길이다. 제2구간은 이어서 제철유적지를 경유해 서석대에 이르는 길이고, 제3구간은 제1구간이 시작되는 수지사 입구 인근의 산수동 장원삼거리➔ 제4수원지➔ 덕봉➔ 충장사➔ 귀후재(사촌 김윤제 제실)➔ 풍암정➔ 분청사기 도요지➔ 호수생태공원➔ 김덕령 장군 생가➔ 환벽당으로 이어지는 길이다.

여기서는 제1구간과 제2구간만 이야기하려 한다. 인상적인 것은 제1구간이었다. 지금의 포장도로와 같은 방향으로 길이 이어지지만, S자 형태로 좌우를 오가며 오른다. 그 옆으로 수없이 차를 타고 오간 길이건만 찻길로부터 좌우 50m~200m 옆으로 걷는 길이 있었다는 것을 이제야 알았다. 지금의 포장도로가 무심코 달리는 자동차길이라면 옛길은 천여 년의 이야기를 담고 있는 오솔길이다.

제1구간 길은 소금장수 등 상인들이 걸었으며, 화순 사람들이 장불재를 넘어 광주에 장보러 다니는 길이었고, 나무꾼들이 오갔으며 원효사를 가는 길이요, 무진고성을 오르는 길이었다.

제2구간 길은 김덕령 장군 등 의병들이 활동한 의병길(풍암제~제철유적지)의 일부이고, 제3구간은 가사문학의 주인공들인 옛 사람들이 오갔던 길이다.

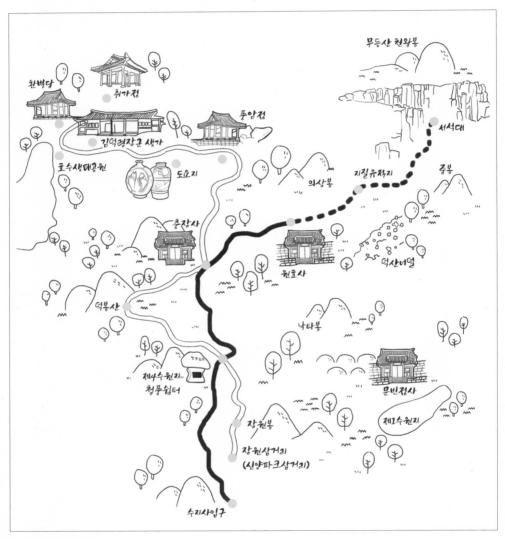

▲ 무등산 옛길 안내도

▲ 무진고성에서 출토된 봉황문·귀면문 막새, 통일신라 말~고려 초, 지름 21cm, 국립광주박물관

제1구간 길은 산수동오거리에서 시작한다. 오늘은 수지사 입구에서 걷기 시작했다. 원효사까지 3시간 30분 정도의 긴 시간이 걸렸고 전체적으로 긴 오르막으로 여름날 산행에선 가볍지 않은 길이다. 수지사 입구에는 '무등산 옛길 입구'라고 크게 표시가 있어서 쉽게 길을 찾을 수 있다. 민가의 좁은 골목길을 지나면 '황소걸음 길'이라 이름 붙인 좁디좁은 오솔길이 나온다. 잣고개, 무진고성, 제4수원지, 청풍쉼터까지 이르는 길을 '황소걸음 길'이라 부른다. 황소처럼 느릿느릿 길을 떠나는 농부와 나무꾼, 상인들의 모습을 떠올리며 걷는 길인데 좁은 고갯길이라 황소처럼 느리게 걸을 수밖에 없어 여유를 가지고 걸어야 한다.

두 사람이 겨우 비켜 지나갈 수 있는 오솔길이 1구간 옛길의 모습이다. 종종 무너지는 흙더미에 길이 묻히지 않도록 길옆에 목책을 둘러둔 것을 제외하고는 옛 모습을 그대로 간직하고 있다. '옛길에서는 쇠지팡이(스틱)가 필요 없습니다. 선조들의 길에 상처를 주는 스틱 사용을 자제 합시다.'라는 안내문이 인상적이었고 공감한다.

'무진고성'을 오르는 길이 '잣고개'다. 이 고개는 담양·화순 사람들이 오가던 길이다. 여기에 오르면 이내 내림길이라 쉬어가지 않을 수 없으니 이 주변에는 주막이 많이 들어서 있던 곳이기도 했고, 따라서 도적도 많았던 곳이기도 했단다.

잣고개라 불리는 유래가 여럿 있지만 성城의 우리말이 '잣'이어서 그리 불렸다는 설說이 가장 설득력이 있는 것 같다.

무진고성武珍古城(광주광역시 기념물 제14호)은 장원봉을 중심으로 장대봉과 제4수원지 안쪽 산 능선을 아우르는 타원형의 모양을 가졌는데, 축조 당시 지명이 무진주여서 무진고성이라 불린다.

▲ 무진고성

　잣고개에서 무등산 방향으로 바라보면 오른쪽 산봉우리가 장원봉이고 왼쪽은 장대봉과 군왕봉이다. 조선 정조시대 1700년대에 발간된 지방지 『광주목지光州牧誌』에는 이런 기록이 있다고 한다.

　무등산은 고을의 동쪽 삼십리에 있는 진산鎭山이다. 다른 이름은 무진악이다. 또 다른 이름은 서석산이다. 크고 높다. 크고 넓어 오십 여리 정도이고, 제주 한라산, 경상도 남해, 거제도 등 섬이 눈 아래 들어온다. 이 산 서쪽에 돌기둥 수십 개가 즐비하게 서 있는데 높이가 백 척이나 된다. 산 이름 서석은 이로 말미암은 것이다. 속설에 '무등산곡無等山曲'이 있는데, 백제 때 이 산에 성을 쌓아서 백성들이 이 산을 믿고 편히 살면서 즐거워 부른 것이라 한다.

　無等山, 在州東三十里鎭山, 一云武珍岳, 一云瑞石山. 穹窿高大, 雄盤五十餘里, 濟州漢拏山, 慶尙道南海巨濟等島, 皆在眼底. 山西有石條數十列立, 高可百尺, 山名瑞石以此. 俗有無等山曲, 百濟時城此山, 民賴以安樂而歌之.

  기록의 내용은 성을 쌓고서 '무등산곡'을 지어 노래했다는 것인데 무등산곡은 백제
가요 5곡(정읍사·무등산곡·방등산곡·선운산곡·지리산곡) 중 하나라고 한다. 하지만
전하지 않으며, 백제시대에 지었다는 성이 지금의 무진고성이라 알려져 있다. 또 하나의
기록은 신라가 삼국을 통일한 후 전국을 9개의 주州로 나누었고 그 중 하나인 무진주의
치소治所가 광주에 개설되면서 무진도독성을 세웠다는 것이다. 그 무진도독성이 현재의
무진고성이라는 주장과 현 광주일고 부근이라는 주장이 있다.

  아마도 통일신라 말기 후백제를 이끌었던 견훤이 마지막으로 치열한 전투를 치렀던
곳이었으리라 추정해본다. 성에 오르면 아래로 시가지가 한눈에 들어온다. 보이는 지역은
산수동과 두암동, 그리고 각화동이다.

  잣고개를 지나 계속 제4수원지 방향으로 내리막길을 걷다보면 '소금장수 길'에 '소금
장수 묘'가 있다. 영산강을 따라 가져온 소금을 지고 평생 이 길을 오가던 소금장수
가 죽고 말았는데, 그를 이 길가에 묻어 주었다는 전설이 있다. 긴 세월 속에 묘지는 무너져
사라져버리고 이름도 없는 묘비만이 남아 있었다.

▲ 소금장수 묘비석

▲ 무진고성 동문지

▲ 청풍쉼터의 김삿갓 시비

그런데 한발 앞서 가던 중년의 여성이 그 묘비 앞에 막걸리 한 병을 올려놓는 것이 아닌가. 아침 시간에 일어난 갑작스런 모습이라 짐짓 당황했지만 이 길을 걷는 진정한 휴머니스트로 보였다.

계속 아랫방향으로 걸으면 충장사와 시내간의 포장도로와 만나는데 도로 건너편에 '무진고성 동문지武珍古城 東門址'가 보인다. 성의 동문터가 남아 있는 것이다.

산자락을 벗어나면 제4수원지가 길게 펼쳐져 있다. 석곡 수원지라고도 한다. 청암교가 수원지 허리를 가로질러 '청풍쉼터'로 향하게 한다. 제4수원지는 1962년 착공해 1967년에 완공되었는데 그 자리는 들과 계곡이었고 산자락에 있던 '큰 주막거리'와 '등촌'과 '신촌'마을은 주변 도로건설로 철거되었다고 한다. 동복 수원지 건설로 현재는 문화동과 각화동 일대의 급수 기능에 그치고 있어 지금은 그저 무등산의 한 모습으로 자리하고 있다.

수원지를 가로질러 넘어오는 바람이 시원한 청풍쉼터는 1841년 이곳을 지나 장불재를 넘어 처음으로 화순적벽을 향해 갔던 김삿갓의 방랑길이다.

청풍쉼터 우측에서 옛길은 다시 이어진다. 여기서부터 주막 터까지를 '김삿갓길'이라 이름 붙였다. 청풍쉼터에서 원효사까지는 5.1km 거리이다. 김삿갓길을 지나면 '장보러 가는 길'과

'산장 가는 길'이 이어진다. 화순 동복 사람들과 담양 가사문학면 사람들이 광주로 장을 보러 다니던 길인 것이다.

일부 구간에선 등반로에 물길이 생겨서 불편했다. 비가 내린 지 4일이나 지났는데도 길에 물이 넘쳐서 등산화가 물에 빠졌다. 충장사 입구부터는 원효사 가는 포장도로와 우측으로 100m~200m 간격을 두고 옛길이 이어진다. 원효봉 자락을 걷는 길이다.

원효봉도 규봉암 주변처럼 너덜이 널려있다. 너덜 위로 나무 한 그루도 자라지 못하고 있는 것을 보면 새삼 얼마나 돌무더기가 깊게 자리 잡고 있는지 가늠할 수 있다. 너덜을 지나자마자 새끼 멧돼지와 맞닥뜨렸다. 무등산에서 처음으로 멧돼지와 만났는데 털무늬가 다람쥐의 그것과 비슷했다. 나를 보자마자 소스라치게 놀라며 산 위로 도망가는 모습이 정말 귀여웠다. 멧돼지는 주로 저녁에 활동하는데 호기심 많은 새끼가 어미도 없이 낮에 홀로 돌아다니고 있었던 모양이다. 옛길 제1구간 오솔길은 원효사 아래 관음암 입구에서 끝이 난다.

옛길 제2구간은 원효사에서 원효계곡 우측길을 따라 오르며, 김덕령 장군의 의병활동 이야기가 있는 제철유적지와 주검동 유적지를 거쳐 서석대에 오른다. 원효계곡은 김덕령 장군의 유적이 있는 역사성이 강한 장소이기도 하지만 '이끼의 계곡'이기도 하다.

어떤 이끼는 카펫처럼 파랗게, 어떤 것은 얇은 회색 막을 만들어 바위와 나무에 붙어 공기 중의 수분과 햇빛을 먹고 산다. 청정한 곳이 아니면 이끼가 자라지 않는다고 하니 그 맑은 기운을 오롯이 느낄 수 있는 곳이기도 하다.

서석대·입석대·광석대는 무등산의 꽃이다. 세계 어느 산을 통틀어도 산봉우리에 이처럼 거대한 바위가 주상절리 모습으로 서 있는 곳이 없다고 한다. 예로부터 서석대의 이 모습을 두고 '수정병풍水晶屛風'이라 했다. 서쪽을 향해 있어서 저녁노을이 물들 때 햇빛에 반사된 바위가 수정처럼 빛을 발하면서 반짝였기 때문이다. 주상절리는 국내외 여러 곳에서 발견되기는 한다. 국내에서는 해금강 총석정과 제주 해안의 주상절리가 유명하다. 그러나 산 위의 주상절리는 무등산 뿐이다. 서석대는 해발 1,100m, 입석대는 그보다 해발 100m 정도 아래인 1,017m, 광석대는 950m다.

▲ 원효봉의 너덜

　원효사에서 옛길 2구간을 통해 서석대에 올라 입석대, 장불재, 중머리재를 거쳐 다시 원효사 쪽에 도달하는 데 5시간 정도 소요된다.

　한편 서석대에 오르면 경이로움은 물론 신성스러움도 느낄 수 있다. 바위들을 바라보고 있노라면 나도 모르게 가슴이 두근거리고 마음이 설렜다. 옛 사람들도 역시 그러했으리라. 선사시대부터 인류는 커다란 돌을 숭배하는 거석문화가 있었고 우리의 문화에도 '서 있는 돌'인 입석立石 또는 선돌을 숭배하는 문화가 있었다. 여기의 바위들이 신앙의 대상이자, 제사를 올리는 장소였다. 또는 암자들이 많이 있었던 곳이기도 했는데 얼마든지 상상할 수도 있는 일이겠다.

　실제로 400여 년 전 고경명 선생이 쓴 무등산 기행문 『유서석록遊瑞石錄』에 서석대 주변에 삼일암·금탑사·석문사·금석사·대자사라는 암자들이 입석과 어울려 들어서 있었다고 했다.

지금의 규봉에 있는 규봉암과 석불암을 생각해보면 서석대에 자리 잡았던 암자들의 옛 모습들을 상상해볼 수 있다. 예전에는 지금보다 더 많은 사람들이 지극한 염원을 담아 이 입석대와 서석대를 오르내렸는지도 모르겠다.

주상절리로 정상부의 천왕봉·지왕봉·인왕봉 주상절리대가 가장 젊고, 그 다음으로 서석대가 풍화가 덜 되었다. 입석대와 광석대는 좀 더 풍화가 많이 진행되어 일부가 무너져 내리고 있는 중이어서 아직 서 있는 돌들이 아슬아슬하게 보인다. 주상절리대가 변화하는 모습들을 무등산 한 곳에서 모두 볼 수 있으니 '살아있는 바위 박물관'이라 여겨진다.

지금 서석대의 모습은 화산폭발이 있었던 중생대 백악기 시기로부터 4,000만 년~6,000만 년 시간이 흐른 뒤에 갖춰진 것이다. 그동안은 흙 속에 덮여 있다가 아주 서서히 지금 모습을 드러낸 것이다.

그 흙에 묻혀 있는 모습을 200만 년 전에 형성된 포항 달전리 주상절리를 보면 상상할 수 있다. 지금 우리는 서석대가 변화하는 도중의 가장 아름다운 순간을 보고 있는 것이다.

무등산의 화산폭발은 중생대에 발생했고, 한라산, 백두산, 울릉도, 독도는 신생대에 생겼다. 특히 한라산은 불과 120만 년 전부터 화산활동을 시작했고, 최근인 고려 시대 1002년(목종 5) 6월에도 5일간이나 화산폭발이 있었다.

이처럼 무등산 주상절리는 한라산 해안가의 그것보다 7,000만 년 이상 앞선 것으로서 그 가치와 크기, 분포 면적에서 압도적이다. 보통 대다수 사람들은 원효계곡 쪽 또는 중봉 쪽보다는 장불재 쪽에서 서석대에 올랐다가 그대로 다시 장불재로 내려가는 이들이 많다. 서석대에 올랐다는 것은 서석대 머리 위에 서 있었다는 것이며, 그 전체 모습을 볼 수 없는 것이다. 서석대 머리 위에서 장불재 반대편인 중봉 방향의 길로 내려가서야 산재해 있는 바위병풍들을 앞쪽에서 하나씩 볼 수가 있다.

초가을 맑은 하늘이 펼쳐진 때 서석대에 올라서니 제2수원지, 제4수원지, 광주호, 화순적벽이 훤히 보인다. 저 나주 너머 멀리 보이는 뾰족한 봉우리들이 들어선 산은 영암 월출산이리라. 조선 중기의 문신 청심헌淸心軒 송구(宋駒, 1521~1584)는 화순적벽의 물염정 쪽에서 입석대에 올라와 적벽 쪽을 굽어보며 시를 지었다.

▲ 서석대 여름

서석산을 거닐다 遊瑞石山

맑은 시냇길 따라 걸어 오르니 이월의 풍경이 아름답구나.

풀은 푸르게 들판을 물들이고 꽃은 만발해 온 산이 어지럽게 불타는 듯하네.

입석은 천년 동안 뼈가 되었고 사람은 반나절에 신선이 되는구나.

적벽 아래 나의 집을 고개 돌려 내려다보니 잠겨있는 듯하네.

步上淸溪路 風光二月天 草靑平野染 花發亂山燃

立石千年骨 人成半日仙 吾家赤壁下 回首却潛然

▲ 입석대

　아마도 양력 3월이나 4월 초 진달래, 철쭉, 벚꽃이 만발한 때에 집에 머물러 있기가 아쉬웠을 것이다. 적벽에서 시무지기 폭포, 규봉암을 지나며 꽃 붉은 안양산을 건너다 본 뒤에, 장불재를 거쳐 입석대와 서석대에 올랐음을 짐작할 수 있다.

　나 역시 산의 아름다움에 마음을 빼앗겨 일상사를 잊으니 그 텅 빈 마음을 적어본다.

　산은 언제 다시 오냐고 묻지 않고 나도 언제 온다고 말을 않네.

　너는 언제 가냐고 물어도 나는 언제 가는지 답을 않네.

　새들에게 이름 물으면 "흥" 본체만체 다람쥐들이 날 쳐다보면 나도 "칫" 본체만체.

　바람에게 어디로 가냐고 묻지 않고 그들도 내 갈 길을 묻지 않네.

　구름은 내려다보며 말이 없고 나도 눈만 꿈뻑꿈뻑.

　빼어난 바위 앞에 말없이 서 있다가 원효계곡 물과 함께 산을 내려가네.

07. 여름의 길, 용추계곡

▲ 「조선후기지방지도」 전라좌도광주지도 '용추폭포' 부분, 1872년

용추계곡龍湫溪谷은 전국에 있는 흔한 이름들 중 하나이다. 용추龍湫란 폭포수가 떨어지는 지점에 깊게 패어있는 못을 말한다. 용추계곡은 원효 계곡과 더불어 무등산의 2대 계곡이다. 장불재 아래 샘골에서 시작된 광주천 시원이 이곳을 지나 제2수원지를 통해 광주 동쪽 학동으로 흘러 들어간다. 중머리재에서 출발하면 제2수원지까지 약 4km인데 여름에 매력적인 곳이라 하겠다.

그러나 무엇보다도 이곳은 사람의 발길이 없었던 곳이라고 착각할 만큼 산림이 잘 보존돼 있다. 길도 어느 곳보다 사람의 흔적이 적게 보이는 오솔길이다. 거기에다 서석대·입석대·광석대에 서 있는 바위들이 급경사인 계곡 양쪽에 자리 잡고 있어서 경치 또한 빼어난 곳이다. 무심히 걷노라면 그 아름다움에 빠져든다. 편안한 길은 아니어서 9월의 산행 중에도 10여 명의 등산객만 만날 수 있었다. 눈 내린 겨울에 걷기엔 엄두가 안 난다.

대부분의 사람들은 중머리재에 오르면 더 높은 곳으로만 오르려 해서 중머리재 턱 밑의 용추계곡은 가볼 생각을 하지 않는 것 같다. 계곡이 가파르니 흐르는 물소리가 요란하여 사람의 말소리는 묻혀버린다. 길은 계곡 물길을 좌우로 가로지르며 오르내려 비가 많이 오는 날에는 사라져 버린다.

계곡 하류 쪽 비교적 경사가 완만한 숲에는 멧돼지가 산다. 등산로에서 새끼 멧돼지와 눈이 마주쳤는데 새끼는 엄마를 부르며 도망가다가도 급히 멈추어 뒤돌아서 신기한 듯 나를 쳐다보다 또 도망간다. 역시 아이들은 인간이나 짐승이나 철없이 엄마 말 안 듣고 쏘다니는 건 마찬가지인 듯하다. 이내 새끼 소리를 들은 어미 돼지가 인근에서 큰 울음으로 사람을 위협한다. 등반길을 정비하러 오르던 사람이 맞고함을 지르며 막대로 나무와 바위를 치며 대응하니 어미가 더 이상 나서지 않았다. 등산 스틱을 꼭 챙겨 다니거나 큰 나무로 빨리 올라가서 몸을 피할 생각을 하며 걷는 게 좋겠다.

비릿한 물 냄새가 나는 것 같으면 제2수원지에 거의 다다랐음을 의미한다. 수원지에서 다시 되돌아 오르려니 주민들이 만류한다. 그 멀고 가파름을 알기 때문이리라. 물을 거슬러 오르는 연어의 심정으로 중머리재로 되돌아 오는데 수원지로부터 1시간 40여 분이 걸렸다.

중머리재에 올라서면 곧 용추계곡이 고요함의 세계였음을 안다. 등산 스틱소리, 사람들의 발걸음 소리가 소란스럽게 느껴진다. 그제야 내가 다른 세계에서 빠져 나온 느낌이다.

▲ 용추폭포

81

08. 장불재에서 백마능선 따라 안양산으로 건너가다.

　이 길은 억새와 철쭉으로 단장된 길이다. 불과 3.1km 정도지만 봄에는 붉은 철쭉빛으로, 가을에는 은빛 억새로 물든다. 장불재에 세워져 있는 커다란 방송통신시설탑 왼쪽으로 들어서면 길이 시작된다. 잠깐 걷다보면 능선이 마치 살찐 말 잔등과 같은 모양으로 펼쳐져 있다. 이를 두고 '백마능선'이라고 부르는데, 그 위에 펼쳐진 억새들이 바람에 강하게 휘날리는 것이 마치 백마의 갈기가 휘날리는 듯한 착각에 들게 한다. 그대로 장관이다.

　장불재가 등산객들의 쉼터가 돼버려 억새밭이 훼손되었지만, 이곳은 자연 그대로의 억새의 아름다움을 볼 수 있다. 11월 중순쯤이면 낙엽 진 가을산이라 그동안 나뭇잎에 가려서 보이지 않던 전경이 훤하게 보이게 된다. 이곳에 서서 무등산 정상 쪽을 바라보면 규봉암에서 장불재 사이의 모습이 한눈에 보인다.

▲ 백마능선

▲ 안양산 정상의 철쭉

　길 중간에 볼록하게 솟은 봉우리는 마치 낙타의 등 같아서 '낙타봉'이라 한다. 낙타봉 주변에서 화순 쪽은 길 바로 아래가 천길 낭떠러지다. 행글라이더를 타는 사람이라면 저 아래 흑염소를 기르던 '너와나 목장' 터로 내려가고 싶겠다.

　낙타봉을 지나 안양산에 이르는 길은 철쭉나무 숲이다. 안양산은 철쭉나무산이라고 해도 좋을 것이다.

　안양산 명칭인 안양安養은 불교에서 유래된 것으로 안다. 안양·안양보국·안양세계·안양정토·안양계 등의 말이 있는데 모두 '아미타불이 살고 있는 땅'을 의미한다. 이는 극락·극락정토·극락세계·극락보전과 같은 말이다. 경주 불국사 극락전에 들어가는 문 이름이 '안양문'임이 그 실례이다. 요즘에는 극락이란 말이 많이 사용되고 있지만, 과거에는 안양이라는 말이 더 많이 사용된 것으로 보인다.

　이곳이 극락처럼 평화로움을 느끼는 공간임은 틀림없이 걸어본 사람만이 알 것 같다. 안양산에서 더 나아가면 화순 땅으로 내려가게 된다. 화순 쪽에서 안양산을 올라보았는데 광주에서 불과 30분이면 등산로 입구인 '무등산편백자연휴양림'에 이를 수 있다. 화순읍에서 이곳까지의 주변 산세도 수려하다는 생각이 들지만 여기 주차장에 내리자마자 느끼는 숲의 기운은 더 강하다.

등산로 입구엔 은행나무 군락이 자리 잡고 있고 그 주변엔 이팝나무와 산벚나무들이 늘어서 있다. 정상 주변엔 철쭉군락이 펼쳐져 있다. 봄과 가을이 기다려지는 이유 중 하나는 분명 안양산의 봄의 철쭉과 등산로 입구의 가을 단풍길일 것이다. 앞으로 세월이 갈수록 아름다움이 더 기대되는 공간들이다. 시내에서 화순 쪽 등산로 입구까지 30분이면 올 수도 있고, 오르는 데 50분밖에 안 걸리는 산이 곁에 있음에 행복하지 않을 수 있겠는가!

▲ 중머리재에서 안양산까지 이르는 지도

09. 김삿갓의 방랑이 멈춘 화순적벽

화순군 이서면에 있는 적벽赤壁은 그 아름다움으로 인해 방랑시인 김삿갓이 세 번이나 찾아 왔다가 생을 마친 곳이기도 하다. 또, 수많은 문인들이 이곳을 찾아 시를 남겼던 곳이다. 더불어, '세속에 물들지 말라.'는 의미를 지닌 물염정勿染亭 등 정자들이 있는 곳이기도 하다.

이곳은 무등산이 거대한 화산활동을 시작한 중생대 백악기부터 형성된 퇴적층이다. 날아든 화산재가 오랜 세월 동안 큰 산을 이룰 만큼 쌓여 응축되었다가 강물에 의해 수직의 석벽으로 드러나 보이게 된 것이다. 터키의 최고봉인 에르지에스(Erciyes)산은 오랜 기간에 걸친 화산 활동으로 주위에 화산재가 100m 이상 쌓였었다고 하니 무등산의 화산활동 당시의 모습도 그랬으리라.

이곳은 퇴적층이 시루떡처럼 층층이 나누어져 있는데 약 7km에 이른다. 서 있는 모습이 완만하거나 움푹 팬 부분이 있는 것이 아니라 무등산 주상절리대처럼 수직으로 깎아내린 모습이어서 말 그대로 벽 모양이다. 원래는 적벽강이 흐르고 있었지만 1985년에 강을 막아 동복댐을 만들었다. 지금의 모습은 적벽이 잠겨 있는 모습인 것이다.

역설적으로 수원지로서 보호구역으로 지정돼 있다 보니 30년간이나 사람의 출입이 금지되어 왔기에 적벽 일대는 옛 모습 그대로 잘 보존되어 있다. 강물과 함께 사계절을 변모하면서 보여주는 모습이 남달라 적벽은 조선시대 10대 명승지 가운데 하나였다.

대체로 노루목적벽, 보산적벽寶山赤壁, 창랑적벽滄浪赤壁, 물염적벽勿染赤壁 등 동복호 일대의 네 개의 적벽을 통칭하는 이름으로 화순적벽이라고도 한다. 노루목적벽은 한자어로 장항적벽獐項赤壁이며 이서 지역에 있다 하여 이서적벽이라고도 했다.

그런데 1980년에 집권한 전두환은 광주민주화운동 등으로 이반된 민심을 달래고자 광주의 숙원사업 중 하나인 식수난 해결을 위해 1985년에 동복에 댐을 짓게 된다. 당시엔

▲ 화순적벽

광주의 제5수원지라고도 했다. 지금 광주 수돗물의 90% 이상이 이 주암댐과 동복댐에서 조달되고 있다.

그러나 댐이 들어서며 주민들의 거주지는 물론이고 댐 상류에 있는 물염적벽을 제외하고는 적벽 중 25m 정도가 물에 잠겨버린다. 적벽의 1/3 내지 1/2이 물속으로 사라진 것이다. 말하자면 지금의 적벽은 물과 산의 모습뿐이지만 댐 조성 전에는 적벽 옆으로 강이 흘렀고 강변 주위에는 촌락이 있었다.

사람이 오가는 뱃길이어서 뱃놀이도 하고 고기도 잡던 전원이었다. 수몰 직전까지도 이곳 사람들은 매년 4월 초파일과 추석날 밤에 낙화놀이를 즐겼다고 한다.

낙화놀이는 여남은 명의 장정들이 지게에 불꽃을 피울 불쏘시개를 지고 바윗길을 타고 절벽 꼭대기까지 올라가 불덩이를 강물로 던지는 놀이였다. 검은 하늘에서 불꽃이 빙글빙글 돌며 날리다가 강물에 떨어지는 순간 수면이 벌겋게 물들어 불바다가 된다. 이때 강변 모래밭에 서는 징·꽹과리·장고·북이 울리고 구경하는 사람들은 환호하며 덩실덩실 춤을 추었다고 한다.

적벽의 이야기는 광양사람이었던 신재 최산두(1482~1536)로부터 시작해도 되겠다. 그는 1519년 기묘사화로 화순에 유배를 온다. 그는 당시 석벽이라 부르던 이곳을 처음으로 '적벽'이라 이름 지었다. 벽이 붉기도 했지만 중국의 적벽과 같은 아름다움이 있다 하여 그리 지었다고도 한다. 그로부터 적벽은 더 유명해져 사람들의 발길이 끊이지 않은 명승이 되었다.

최산두가 적벽에 이른 즈음에 물염정勿染亭이라는

▲ 김홍도, 「적벽에서 밤 뱃놀이」, 18세기, 비단에 엷은 채색, 국립중앙박물관

▲ 망미정

정자가 지어진다. 지금은 물염정, 망미정 등만 남아있지만 최산두 이후 적벽 주위에는 많은 정자와 사찰들이 자리 잡고 있었다.

옛 기록에 등장하는 정자와 사찰은 물염정勿染亭을 비롯해 창랑정滄浪亭·사천정沙川亭·담관대澹觀臺·옹산정사甕山精舍·독락정獨樂亭·모락재慕樂齋·삼우당三友堂·탁영정濯纓亭·금사정錦沙亭·구석정龜石亭·탄금대彈琴臺·월담정月潭亭·백구정白鷗亭·강선대降仙臺·망미정望美亭·환학정喚鶴亭·낙화대洛花臺·한산사寒山寺·삼명각三明閣·보산사寶山寺·송석정松石亭·고소대姑蘇臺·성양정사星陽精舍·죽천정竹川亭·미암美菴·성산재星山齋 등이 있었다. 지금 남아있는 망미정과 물염정은 한국전쟁 때 불타버렸다가 복구된 것이다. 현재 망미정은 보산적벽 위에 서 있는데 장항적벽獐項赤壁의 절경을 가장 가까이서 바라볼 수 있는 곳에 있다. 1646년(인조 24) 적송赤松 정지준(丁之寯, 1592~1663)이 세웠다. 병자호란 때 의병장으로 활동했던 정지준이 인조가 청 태종 앞에 무릎 꿇었다는 소식에 분개해 정자를 짓고 은거했던 곳인데 수몰로 인해 다시 옮겨졌다.

정자 명칭 망미望美에는 임금을 그리워한다는 뜻과 청에 볼모로 잡혀 간 소현세자, 봉림대군, 그리고 삼학사三學士를 생각한다는 뜻이 담겨있다고 한다.

이제 시문詩文과 함께 물염정을 만나본다. 물염정은 물염적벽이 잘 보이는 곳에 자리하고 있다. 지금과 달리 처음엔 소박한 정자로 지어졌음을 원운原韻 시에서 알 수 있다.

물염정 원운	勿染亭 原韻
두어 칸 초가를 동쪽 언덕에 지으니	數間茅屋結東皐
문 앞의 골목은 사안謝安과 도잠陶潛이 사는 곳 같네.	門巷依然似謝陶
어젯밤엔 강가에 비가 내려 고깃배는 젖었는데	江雨夜晴漁艇濕
아침엔 마을에 안개가 걷히니 고운 산봉우리가 높이 솟아있네.	洞雲朝散玉峰高
아이들은 낙엽을 태워 붉은 밤을 굽고	童收落葉燒紅栗
아내는 국화를 따다 막걸리 잔에 띄우네.	妻摘黃花泛白醪
산골의 삶이 이렇게 행복한 줄 진즉 알았더라면	林下早知如此樂
지난 세월이 이렇게 고달프지는 않았을 것을.	青袍身世豈曾勞

물염정 건립 축시로 알려져 있다. 송구, 그의 아들 송정순, 송정순의 외손인 나무송(羅茂送, 1577~1653) 중 이 시의 작자가 누구인지는 아직 논쟁 중이다.

신재 최산두의 제물염정題勿染亭 시는 4구 중 2구만 남아있다.

백로가 고기 엿보는 모습이 강물이 백옥을 품은 듯하고	江含白玉窺魚鷺
노란 꾀꼬리 나비 쫓는 모습은 산이 황금을 토하는 것 같네	山吐黃金進蝶鶯

하서河西 김인후(金麟厚, 1510~1560)는 물염정에서 이렇게 노래했다.

명양주에 몹시 취하여 돌아와 보니 춘삼월이네	大醉鳴陽酒 歸來三月春
강산은 천년 주인이요 사람은 백년의 손님이네	江山千古主 人物百年賓

임진왜란 직전에 지팡이 짚고 적벽을 찾은 고경명은 '적벽신하赤壁晨霞(적벽의 새벽 안개)'를 노래했다.

둘러 있는 붉은 층벽 볼수록 아름다워	赤城明滅露凝華
아침 햇살에 비치는 안개 더욱 좋구나.	朝日微升疊綺霞
푸른빛 온 봉우리 비단처럼 붉어서	千點碧峯紅錦裏
지팡이 짚고 높은 오사모烏紗帽*쓰고 나섰네	道人扶杖岸烏紗

고경명과 같은 시대를 살다 간 석주石洲 권필(權韠, 1569~1612)의 시도 있다.

방장산은 옛 삼한땅 밖이요	方丈三漢外
창랑은 천 여리나 되누나.	滄洲千里餘
정신은 맑디맑아 잠도 오지 않는데	魂清無夢寐
소나무 위 밝은 달은 빈 창에 가득하네.	松月夜窓虛

마지막 절구의 달밤의 모습은 어느 그림보다도 아름답다.

19세기로 넘어오면 순조(1800~1834), 헌종(1834~1849), 철종(1849~1863)으로 이어지는데 이 시대는 세도정치의 시대였다. 국정은 몇몇 외척가문에 의해 좌지우지되고, 민중의 삶은 고단해지며, 국운이 기울어져가는 때였다. 결국 1811년에 평안도에서 평민 출신 홍경래가 지역 차별과 민중에 대한 착취에 불만을 품고 '난'을 일으킨다. 이때 김병연(金炳淵, 1807~1863)의 할아버지인 안동 김씨 김익순(1764~1812)이 선천 부사로 재직 중이었는데 홍경래에게 패하여 항복하고 만다. 결국 김익순은 참수당하고 마는데 그때 김병연은 6세였다.

---

*오사모烏紗帽 : 고려 말기부터 조선 시대에 걸쳐 벼슬아치가 쓰던 검은 깁으로 만든 모자

▲ 일제강점기 적벽의 모습 1

▲ 일제강점기 적벽의 모습 2

▲ 적벽에 있던 한산사 불당의 모습

▲ 삼연 김창흡

김병연은 1807년 경기도 양주에서 태어났다. '김익순 사건'으로 그의 어머니는 아들을 데리고 황해도 곡산의 깊은 산골로 옮겨가 살았다. 그 후 여기저기로 옮기다 강원도 영월에 정착하였기에 영월이 고향이다. 집안에서는 그의 할아버지에 대해 일체 함구해 버린 탓에 그는 집안의 비극을 모르고 성장했다. 그가 20세에 향시에 나갔는데 주제가 하필 김익순의 역적 행위를 비판하라는 것이었다. 그는 어릴 적부터 문장실력이 뛰어나서 시원하게 김익순을 비판하는 내용을 적어내 장원급제를 하게 된다. 그날 더 이상 숨길 수 없었던 어머니는 김익순이 할아버지라는 사실을 알려주고 만다. 김병연은 자신이 너무 부끄러워서 하늘을 쳐다볼 수 없다며 22세에 머리에 삿갓을 쓰고 가족을 떠나 방랑을 시작했다. 삼연三淵 김창흡(金昌翕, 1653~1722)에 이어 약 100년 만에 조선의 방랑시인이 생긴 것이다. 이때부터 그는 '김삿갓'이라 불렸고 57세로 죽기까지 가족에게 돌아가지 않았는데 자신의 심경을 담은 시가 있다.

구만리 장천 높다 해도 머리 들기 힘들고	九萬長天擧頭難
삼천리 땅 넓다 해도 발 뻗기 힘들구나.	三千地闊未足宣
새벽에 루에 오름은 달구경 하려 함이 아니요	五更登樓非翫月
사흘을 굶은 것도 신선되려 함이 아니라네.	三朝避穀不求仙

그는 방랑자였기에 관직에 있었거나 양반 생활을 하며 시를 지었던 사람들과는 전혀 다른 색깔의 시를 지었다. 세계 3대 혁명시인이라고 평가한 사람도 있다.

| 승려와 선비들을 조롱함 | 嘲僧儒 |

승려의 민대가리는 땀 찬 말 불알 같고	僧首團團汗馬閬
선비들의 뾰쪽뾰쪽 송곳머리는 앉은 개좆 같구나.	儒頭尖尖坐狗腎
목소리는 구리 솥에 구리 방울 굴리는 듯하고	聲令銅鈴零銅鼎
눈깔은 흰죽에 후추 씨 떨어진 듯하구나.	目若黑椒落白粥

갈비뼈가 드러나도록 배고프게 떠돌았던 김삿갓은 자존심을 건드리거나 먹을 것을 내놓지 않고 저녁에 쫓아내는 사람을 만나면 곧바로 시를 지어 풍자와 해학으로 세상을 개탄했다.

그는 34세와 43세 때 화순에 들렀다가 50세 되던 1857년에 화순 동복 구암리에서 비로소 방랑을 멈추었다. 약 6년을 그곳에 살다가 57세에 조선을 떠났다. 조선의 대시인 大詩人의 몸은 죽어서야 고향 영월로 돌아갔다. 그가 자주 찾았던 물염정 주변에 최근 그의 시비를 세워 놓았다.

김삿갓은 34세인 1841년에 무등산을 넘어 적벽에 도착하고서 이렇게 노래했다.

| 무등산이 높다더니 소나무 가지 아래에 있고 | 無等山高松下在 |
| 적벽 강이 깊다더니 모래 위에 흐르는구나. | 赤壁江深沙上流 |

그가 43세 때인 1850년에 두 번째로 동복을 들렀을 때 망미정望美亭에 올라서는 이런 시를 남겼다.

약초 캐러 가는 길엔 이끼가 붉게 물들고	藥經深紅蘇
산을 향해 난 창에는 푸른 기운이 가득하네.	山窓滿聚微
그대는 꽃향기에 취해 누워있으니	羨君花下醉
꿈속에서 나비처럼 춤추며 날고 있겠지.	胡蝶夢中飛

그는 젊은 시절엔 시를 통해 분노를 표출했고 노년에는 세상을 달관하며 이렇게 아름다움을 노래했다. 적벽에서 위안을 찾았으리라 여겨진다.

화순군은 적벽팔경赤壁八景을 이렇게 지정하고 있다.

적벽 위에서 떨어지는 불꽃놀이	赤壁落火
한산사의 저녁 종소리	寒山暮鐘
선대에서 보는 활쏘기 놀이	仙臺觀射
부암에서 물고기 구경	浮岩觀魚
고소대의 맑은 바람	姑蘇淸風
금모래 위에 내리는 기러기 떼	金沙落雁
학탄에 돌아오는 돛단배	鶴灘歸帆
설당의 밝은 달	雪堂明月

▲ 물염정

96

2004년에 광주광역시 관광협회와 『무등일보』가 공동으로 '광주 전남 8대 정자 선정 위원회'를 구성해 물염정을 비롯하여 담양 식영정·완도 세연정·광주 호가정·곡성 함허정·나주 영모정·영암 회사정·장흥 부춘정 등을 선정한 바 있다.

이때 물염정을 8대 정자의 제1호로 지정하기도 했다. 물염정은 수차례 중수를 거듭했는데 1966년에 마을의 배롱나무 한 그루를 다듬지 않고 앞 기둥으로 삼아 지으면서 단순미를 극복하려 했으며, 안쪽에 방이 없이 마루만 있는 것이 특징이다.

적벽은 1985년에 동복댐이 완공되고부터는 수원지로 지정돼 고향이 수몰된 이주민들만이 명절 때 적벽을 찾아들어갈 수 있도록 했다. 그러다 이 아름다운 모습을 세상 사람들도 볼 수 있도록 해줘야 한다는 지역민들의 의견이 모아져 30년 만인 2014년 10월에 부분적으로 개방하기 시작했다. 봄철인 3월 23일부터 가을인 11월 24일까지 매주 수, 토, 일요일에 버스로 단체 관람만 가능하고, 3시간 소요되며 사전에 예약을 해야 한다.

풍경은 아침 다르고 저녁 다를 텐데 낮에만 한때 돌아보고 버스 시간에 맞춰 나와야 하기에 서운하기 그지없다. 옛 사람들처럼 안개 낀 새벽, 노을 물든 석양 그리고 달 밝은 저녁에도 강가의 정취를 느낄 수 있는 날이 언제 올까?

한편, 동복호 상류의 물염정과 창랑적벽은 언제라도 찾아가 볼 수 있다. 소쇄원 방면으로 들어간다면 그곳에서 12km 거리에 물염정이 있고 800m 계속 가면 창랑적벽을 만날 수 있다. 창랑적벽에서 계속 나아가 화순읍 방향으로 들어가는 길도 산과 들이 어우러진 전형적인 전원 풍경이다.

창랑적벽에서 물염정과 소쇄원 방향으로 되돌아 나오다가 규남박물관 지나 '수만리 생태 숲 공원' 쪽으로 가는 길도 수목과 꽃들의 수려함이 좋다.

또, 규남박물관을 지나 삼거리에서 이서적벽과 보산적벽으로 가는 길이 있다. 제한구역 이어서 적벽 안에는 못 들어가도 적벽 입구를 지나는 아름답고 한적한 동복호 주변길을 돌 수 있다. 동복호가 상수원이라 주변에 더 이상의 인위적인 개발이 없는 탓에 자연의 편안함을 맘껏 느낄 수 있다. 무등산과 동복호 호수를 친구 삼아 산다면 더 부러울 것이 무엇이랴.

▲ 화순적벽의 가을

02

무등산의
사람들

무등산이 품은 사람들

▲▲ 무등산의 사람들

▲ 호가정

　광주를 일러 사람들은 의향이자 예향이라고 부른다. 어느 지역을 한두 마디로 단순화해 말하는 것은 그리 적절해 보이지 않지만, 무등산권에 남아있는 주요 문화유산을 중심으로 이야기한다면 조선시대 사림문화와 임진왜란 의병활동, 일제강점기 독립운동, 5·18로 상징되는 현대의 민주화 운동이 다른 지역과의 구별점이며, 그것이 이 땅에 사는 우리들이 말할 수 있는 자부심이라 생각한다.

　광주의 정체성을 한마디로 말한다면 광주정신 또는 호남정신이다. 광주정신은 불의에 굴하지 않고 목숨도 내놓을 줄 아는 것이고, 당장의 이익이나 권력을 탐하지 않고 청렴을 택하는 것이며, 시대적 소명을 앞장서 실천하는 것이다.

　무등산권 사람들이 남겨 놓은 흔적으로는 누정·사당·서원·사찰 등 건축물과 노래·

기념관·저서들이 있다. 특히 누정과 사찰은 우리나라 대표적인 옛 건축물이다. 누정은 삼국시대부터 이어져 온 건축물로, 전남대학교 호남문화연구소가 1985년부터 1991년까지 조사한 결과, 광주·전남 지역에 현존하는 누정은 639개소라고 한다. 전국적인 분포를 보면 경상도와 전라도의 누정이 대다수를 차지하고 있다. 과거에 수도였던 서울과 경주, 공주가 왕궁과 왕릉의 문화재를 가졌다면, 이곳은 누정이 많이 세워져 타 지역과 구별되는 문화콘텐츠임이 분명하다.

누정은 누각과 정자를 통칭하는 말이다. 차이점이라면 누각樓閣은 보통 2층으로 먼 곳을 바라보기 좋게 높이 지은 것이고, 정자亭子는 산과 강이 있는 경관 좋은 곳에 마련되었다.

구조적 공통점이라면 벽 없이 기둥만 있어 사방으로 훤히 트여 주변의 경치를 즐길 수 있다. 호가정과 풍영정 같이 온돌방이 없는 곳도 있고, 독수정·소쇄원·풍암정 같이 있는 곳도 있다.

기능적으로는 살림집과 별도로 만들어 조선시대 사대부들의 정치문화 공간이었다. 그래서 통칭하여 '별서別墅'라고도 하였고, 겸양의 뜻으로 촌서·촌장·향서·농서라고도 했는데 실제 명칭은 누樓·정亭·원園·당堂·헌軒·대臺·장莊·정사精舍·각閣·재齋 등이었다.

무등산권의 누정들은 독수정과 취가정 등을 제외하면 조선중기 중종 시대인 1520년경부터 광해군 시대인 1620년의 약 100년간 건축된 것이다. 아직 서원書院이 본격적으로 출현하기 전에 누정문화가 선행되었던 것이다.

대표적인 정자의 조성 시기는 다음과 같다.

〈조성시기로 보는 무등산권 정자들〉

정자	조성 시기	정자	조성 시기
독수정	1393년	식영정	1560년
소쇄원	1520년대~1542년	풍영정	1560년대
물염정	1520년경	연계정	1575년
면앙정	1533년	송강정	1585년
환벽당	1545년	풍암정	1602년
호가정	1558년	명옥헌	1620년

그렇다고 해서 이 시기가 사림들의 르네상스시대였다고 표현하는 사람은 없다. 눈물 어린 고난의 순간들이 많았기 때문이다. 실권을 쥐고 있던 훈구파들과 정면 대결로 인해 네 차례의 사화가 발생했고, 피를 흘린 끝에 선조시대에 와서야 사림들이 권력을 잡게 된다. 그러나 선조시대에 사림은 다시 서인과 동인으로 나뉘어 대립하게 되며 임진왜란과 정유재란을 맞게 된다. 이 격변의 시기에 어떤 이는 불가피하게 낙향했다. 새로운 기회를 모색하기 위해, 어떤 이는 퇴임 후 조용한 거처로 삼기 위하는 등 여러 사연을 가지고 누정이 건립된다.

이 시기의 무등산권 역사를 만든 주요 사림들은 다음과 같다.

〈무등산권 역사를 만든 주요 사림들 (출생순)〉

사림	생몰년	사림	생몰년
눌재 박상	1474~1530	하서 김인후	1510~1560
정암 조광조	1482~1519	미암 유희춘	1513~1577
신재 최산두	1483~1536	사암 박순	1523~1589
청심헌 송구	1483~1550	서하 김성원	1525~1597
면앙 송순	1493~1583	고봉 기대승	1527~1572
석천 임억령	1496~1568	제봉 고경명	1533~1592
사촌 김윤제	1501~1572	송강 정철	1536~1593
소쇄 양산보	1503~1557	충장공 김덕령	1567~1596

일부에서는 영남권의 누정이 성공한 사림들을 상징한다면 호남권은 은둔의 성격을 가졌다고 평하기도 한다. 무등산권에 최초로 세워진 독수정은 고려의 멸망을 한탄하며 한양으로부터 가급적 멀리 떠나 살고자 만들어졌고, 소쇄원은 사림의 영수 조광조의 죽음으로 인해 그의 제자였던 양산보의 은둔처로 만들어졌다는 주장이다.

이런 점을 모두 부정할 수는 없지만 그 시대 사림들이 누정을 만든 기본적인 정신은 성리학적 세계관에서 비롯되었다. 유교의 가치관을 공자와 맹자가 제시했다면 유교를 형이상학적 철학으로 발전시킨 사람은 주자이다.

▲ 주희

▲ 「무이구곡도」 병풍 중 '무이정사'의 모습

　주자는 조선 사림의 본보기였다. 그는 1183년 무이산에 무이정사武夷精舍를 짓고 저술과 강학을 하였는데 사림들은 이곳을 성지와 같이 여겼으며, 삶의 방식도 동경하여 자신들도 누정을 지어 강학講學함을 행복으로 삼은 것이다.

　누정의 위치를 청정한 강호로 택한 연유는 자연을 심성 수양의 가장 이상적인 수단으로 생각했기 때문이다. 그들이 생각하는 자연은 지고지선至高至善한 이상 세계였으며 인간세계는 혼탁한 곳이었다. 그래서 인간은 자연을 통해 성찰을 거듭해야 하는 존재였다. 주자가 무이산의 아홉 계곡을 소재로 한 시 「무이구곡가武夷九曲歌」도 자연을 노래하면서 마음을 성찰하는 도학道學을 표현하고 있다. 사림들이 정자에서 지은 시들 또한 그러해 그곳의 자연을 소재로 하는 제영題詠이 주류를 이룬다.

　그런데 사실 정자는 주변의 자연경관을 제외하면 장소가 협소하여 몇 번 돌아보면 더 볼 것이 없는 초라한 건물에 불과하다고 할 수 있다. 중세 성당이나 사찰, 왕궁과 같이 웅장하다거나 예술성 있는 외관의 아름다움을 갖춘 건축물들이 아니라는 것이다.

▲ 풍영정

외관상 다른 특이한 점이 있다면 시문이 적힌 현판이 있다는 것인데 보다 본질적인 차이점은 정자에는 그것을 지은 사람과 정치·문화적 교류를 했던 사람들에 대한 이야기가 있다는 것이다. 그 이야기들에는 새로운 문학이 탄생했다는 공통점이 있다. 경상도에서는 서원을 중심으로 문학과 역사 그리고 철학이 발달했고 전라도는 정자를 중심으로 시와 서화가 발달되었다고 한다.

특히 무등산권 일대 정자에서는 가사문학이 탄생했다. 일부에서는 사림문학이라고도 주장한다. 그래서 이 지역을 가사문화권 또는 사림문화권이라고 한다. 은둔에 머물지 않고 학문을 탐구하고 정치적 의견을 적극 교류하며, 시화를 창작하였다는 것이다.

정자 안을 들여다보자.

편액에는 누정의 명칭인 '누정기樓亭記'와 '누정제영樓亭題詠'을 기록하고 있다. 누정기는 누정의 건립, 경영, 건립자, 중수重修 등과 밀접한 관련이 있는데 문학적 예술성을 갖추고 있다. 이를 기문記文이라고도 한다. 풍암정에는 「풍암정기楓岩亭記」, 송강정에는 「송강정기松江亭記」가 편액 되어있다. 누정제영은 누정을 주제로 하여 읊은 시문詩文을 말한다.

즉, 일반 정자와 다른 점은 건립에 관련된 이야기를 편액에 기록하고, 정자와 관련된 기문을 남겨놓고 있다는 것이다. 편액은 나무판에 돋을새김陽刻으로 된 현판이 주를 이루며, 검은 판에 흰 글씨가 일반적이다.

▲ 풍영정의 누정제영들

이 시문을 담은 현판이 많이 걸려 있는 점이 호남 누정의 특징이다. 풍영정에는 60개 이상의 현판이 있어 정확한 개수를 세기가 어려울 정도였다. 조선중기 호남은 시인의 마을이었다. 이수광(李睟光, 1563~1628)은 『지봉유설芝峯類說』에서 이렇게 이야기했다.

근세의 시인은 호남에서 많이 나왔다. 눌재 박상·석천 임억령·금호 임형수·하서 김인후·송천 양응정·사암 박순·고죽 최경창·옥봉 백광훈·백호 임제·제봉 고경명 등은 모두 남달리 우뚝 뛰어난 사람들이다.

누정시는 감상을 위하여 현판하기도 하였지만, 시집으로 수백 편을 남기기도 하였다. 누정에 수많은 시인과 학자들이 오가면서 누정문학을 이루게 됐다는 것이다.

소쇄원에는 김인후가 지은 「소쇄원 48영詠」의 서경시가 있고, 식영정에는 주인인 임억령(林億齡, 1496~1568년)이 식영정 중심의 20개 승구(勝區:경치 좋은 지역)를 가려 이에 이름을 짓고 「식영정 20영」을 남겼다. 여기에 다시 김성원, 고경명, 정철 등이 임억령으로부터 시를 배우며 각각 「식영정 20영」을 지었고, 뒤를 이어 찾은 시인들도 식영정시를 남겼다. 정철은 식영정에서 「성산별곡」을 지었는데, 임억령의 「식영정 20영」으로부터 영향을 받아 이루어진 가사로서 '식영정별곡'이라 하여도 무방한 대표적인 누정가사이다.

▲ 소쇄원 제월당에 걸린 누정제영들

'무등산권 문화유산 보존회·광주호 주변 무등산권 문화유산기초조사단'이 2000년 2월에 발행한 『광주호 주변 무등산권 문화유산 기초조사 보고서』 등을 통해 누정기와 누정시문의 해석을 볼 수 있었다. 고마운 마음을 전하지 않을 수 없다.

현대에 이르러 도시와 그 주변은 끝없이 무너지고 파헤쳐져서 옛 흔적들이 소리 없이 사라져가고 있다. 조선시대 교육기관이었던 서원과 서당은 말할 것도 없다. 그런데 작은 것이 강하다는 말이 실감날 정도로 작은 정자는 살아남아 한국 문화의 한 전형이자 무등산권의 정체성을 보여주고 있다.

정자가 초라할 정도로 작은 것은 조선의 이념인 성리학이 자연을 중시했던 태도에서 비롯된 것이었다. 만일 조선이 신을 모시는 기독교, 불교나 도교 사회였다면 거대한 사원이 주류를 이루었을 것이다.

물론 조선시대는 신神 대신 유학자들이 자리 잡고 있었고 나중에 그들이 강학하며 선현을 모신 거대한 서원들이 크게 성했다. 그러나 말기에 흥선대원군이 대부분을 철폐해 버림으로써 결국 정자들만 살아남게 되었다.

호남 사림부터 최근 5·18민주화운동을 이끈 민중들까지는 영산강처럼 한줄기의 흐름이 있어왔다고 생각한다. 그래서 옛부터 오늘에 이르기까지 사람들의 이야기들을 시대순으로 들여다보며 정신과 실천의 흐름을 살피며 배워보고자 한다.

01. 원효가 무등산에 온 까닭은?

■ 원효사를 찾아서

원효사 대웅전을 찾았다. 대웅전 기둥에 글씨를 새겨 걸어둔 '주련柱聯'이 눈에 들어온다.

아득히 오랜 옛날에 이미 성불하셨건만	塵墨劫前早成佛
중생제도 위해 현세간에 몸을 나투셨네.	爲度衆生現世間
위대한 상호 둥근 달처럼 원만하시어	巍巍德相月輪滿
삼계에서 스승이 되셔 이끌어 주시네.	於三界中作導師
부처의 몸은 원래 아무도 외면하시지 않아	佛身元來無背相
시방세계 중생 모두를 바라보시네.	十方來衆皆對面

▲ 원효사 대웅전

부처님을 찬탄하는 내용이다. 사람들은 이미 2,600년 동안 부처님을 찬탄해 오고 있으니 이제는 불교의 핵심 교리나 화두를 써놓는다면 더 좋지 않을까 생각해본다. 이왕이면 한글로.

왼쪽 끝 기둥 주련 '十方來衆皆對面' 아래 '청남거사菁南居士'라고 작가를 밝히고 있는데, 그는 청남 오제봉(1908~1991)이다. 경북 김천에서 출생해 출가 후 승려로 지내다가 환속한 영남의 대표적 서예가이다. 원효사, 대웅전, 명부전, 요사채는 1980년 신축 복원되었다고 한다. 대웅전을 짓기 전 광주박물관에 의해 발굴조사로 많은 고려시대 유물이 확인돼 이 절의 사세와 규모를 짐작케 해주었다.

대웅전 왼편에는 이 절을 창건한 원효대사(617~686)를 모신 '원효전元曉殿'이 있다. 외벽에는 대사의 생애 중 주요 장면을 그린 벽화가 있고 안에는 그의 진영眞影이 모셔져 있다. 최근까지만 해도 개산조당開山祖堂이었다가 부처님이 계신 대웅전과 동격인 전각으로 격상시켰다. 원효 대사가 창건했다는 점을 대내외에 표방하고 있는 것이다.

원효전과 종각은 1989년부터 지어졌다. 원효전 외벽에 걸린 고총오도상은 661년 신라의 두 대표 승려인 원효와 의상(625~702)이 함께 중국 당나라에 유학을 가는 도중에 있었던 장면이다. 신라를 출발해 지금의 경기도 화성 즈음에 이르러 원효가 밤중에 목이 말라 물을 찾다가 해골에 담긴 물을 마시게 된 일로 득도를 했다는 것이다. 역사적으로는 백제가 신라에 항복한 660년의 다음 해였기에 해로로 당나라를 갈 수 있는 길이 열렸다. 하지만 백제의 부흥을 꿈꾸었던 유민들은 10여 년 동안 항쟁을 계속했고, 고구려는 신라에 대한 공격을 멈추지 않은 혼란한 시기였다.

절 입구 쪽 삼거리에 돌에 새긴 '원효사 입구元曉寺 入口' 표지석이 고즈넉해 보여서 좋았다. 또 그 옆에 '나무아미타불南無阿彌陀佛'을 새겨 놓은 돌이 소박하고 앙증스러워 바삐 지나가는 사람의 눈에는 보이지 않을 정도다.

▲ 나무아미타불 돌기둥

▲ 원효사 입구 표지석

나무아미타불의 '나무南無'라는 말은 고대 인도 언어인 범어梵語의 Namasa를 음사音寫한 말로 '귀명歸命'이라 번역한다. 南無를 한자의 뜻을 따라 '남쪽에는 없다.'라고 해석하는 것이 아니라 범어의 소리로 들어야 하는 것이다. 아미타불은 사후 극락세계를 관장하신다는 부처님이다. 곧 "나무아미타불"은 "아미타부처님께 귀의합니다. 아미타부처님을 급히 찾아 부르옵니다."라는 뜻인데 아미타부처님을 부르는 누구든지 극락세계로 인도해주신다는 믿음을 표현한 것이다.

이 말은 원효대사가 글을 알지 못했던 대중들에게 쉽게 불심을 일으키기 위해 처음으로 만들어내서 유행시켰다 한다. 나중에 여기에 의상대사가 아미타부처님을 보좌하는 관세음보살을 추가로 끼워 넣자고 해 "나무아미타불 관세음보살"이라고 말하기 시작했다고 전한다.

원효는 내세에 극락에 가고자 하는 '아미타 신앙'을 추구한 반면, 의상은 현세에서 구원을 얻으려는 '관음(관세음보살)신앙'을 적극 수용해 '아미타 신앙'도 함께 전파하였다고 한다. 의상은 661년 중국 유학을 통해 화엄종을 공부하고 돌아와 676년 부석사를 지은

▲ 당 유학에 올라 옛무덤에서 깨달음을 얻은 원효

▲ 고종오도상

▲ 원효 진영, 고려, 일본 교토 고산사

후 본격적인 화엄 교학을 펼쳐 화엄종의 시조로 불린다. 힘없고 학식이 없는 중생들이 아미타부처님을 크게 부르기라도 해서 극락 세계로 갈 수 있도록 배려하려고 애를 썼던 원효대사의 마음을 기리고 싶어 저 돌에 '나무아미타불'을 새겼다고 믿고 싶다.

■ 무등산 원효사는 정말 원효가 지었을까?

전국적으로 원효대사는 87개, 의상대사는 84개, 도선국사는 79개, 아도화상은 17개의 사찰을 창건했다고 한다. 일 년에 하나씩 지어도 평생 못 지었을 정도이다. '원효암'은 전국에 7곳(포항, 부산, 금산, 양산, 함안, 경산, 고양)이 있고 '원효사'도 무등산과 도봉산 2곳에 있다. 모두 원효가 창건했다고 받아들이기엔 어려움이 있다. 그렇다면 무등산 원효사는 정말 원효가 지었을까? 세 가지 방법으로 살펴볼 수 있다.

첫째, 기록을 살펴본다. 1847년(헌종 13)에 지어진 『조선사찰사료』 중 「원효암중건기」에 이렇게 기록되어있다.

서석산(무등산의 옛 이름)의 북쪽에 원효암이 있는데 신라국사 원효가 그 수려함을 사랑하여 이곳에 암자를 짓고 살았으므로 그 이름이 되었다. 그러나 법흥왕과 지증왕 양대의 사이에 이미 사찰이 있었으므로 상고하여 보면 가하지가 않다. 서석산이 호남의 명산이므로 원효를 서석의 구찰로 삼은 것이라

112

이 기록에 의하면 원래 다른 명칭의 암자였으나 원효대사가 머물렀던 사연으로 인해 그를 추모하는 마음에서 원효사로 칭하게 되었다고 추정해 본다는 것이다.

둘째, 발굴 및 학술조사 성과를 살펴본다. 1980년 5월에 국립광주박물관에서 대웅전을 해체·복원해 실시한 발굴조사 결과 통일신라시대에서 고려시대에 이르는 금동불상 6점이 발견되었다. 이로써 기록으로만 전해 온 이야기가 시대적으로는 증명이 된 셈이다.

셋째, 지명으로 살펴본다. 원효사가 있는 원효봉에서 무등산 정상 쪽을 향해 바라보면 왼편에 윤필봉, 오른편에 의상봉이 자리 잡고 있다. 원효와 의상 그리고 윤필은 수도 정진을 같이 한 도반들이다.

경기도 안양 삼성산三聖山에 삼막사三幕寺가 있다. 이 절은 삼국이 통일(668년 고구려 멸망)된 직후인 677년(문무왕 17)에 명성이 지대했던 원효, 의상, 윤필 3대사가 들어와서 막을 치고 수도하다가 지었다고 한다. 무등산의 봉우리 이름이 이들의 이름으로 명명되었다는 것은 분명 통일이 된 후 신라 문무왕 시대(661~681)에 원효사로 명명되었을 개연성이 매우 높다 할 것이다. (660년 백제 멸망)

총체적으로 살펴보면 무등산 원효사는 원효대사와 분명히 관계가 있다고 해도 무방하다고 생각된다. 참고로 의정부 도봉산에 있는 원효사는 원효스님이 수도한 석굴로 알려진 자리에 비구니 우일 스님이 1954년에 절을 세운 곳이다.

▲ 원효사에서 출토된 불상 머리들, 고려, 높이 10.5cm

■ 원효불기元曉不羈

원효가 왜 위대하다고 하는지 짚어보고 싶다.

첫째, 동아시아 통틀어 가장 방대한 불교학 저술을 남긴 학자이며, 중국과 일본을 비롯한 당시 국제사회에 그 학술적 영향력이 크게 미쳤다. 심지어 『십문화쟁론十門和諍論』은 인도에까지 번역되어 전해졌다고 한다. 일생 동안 86부 180여 권의 저서(100여 부 240권으로 보는 경우도 있다.)를 남겼는데 대표적인 저서로 『화엄경소華嚴經疏』, 『대승기신론소大乘起信論疏』, 『금강삼매경론金剛三昧經論』이 있다.

둘째, 이름처럼 한국불교의 새벽을 열었다. 당시 신라는 528년(법흥왕 15)에 불교가 공인된 후 100년이 넘어가는 시기였다. 중국은 원효보다 14년 더 일찍 태어난 현장법사 (602~664, 율장·경장·논장을 통달한 승려라 하여 삼장법사라고도 한다.)가 인도에 유학해 643년에 600여 부의 경전을 들고 귀국한 후 번역 사업을 대대적으로 벌이고 있던 시기였다.

중국 당나라에서는 현장법사가 불교의 중흥을 이끌었다면, 동시대의 통일신라에서는 원효가 그 길을 열어 놓았다. 그가 새벽에 태어났다고 하여 그 스스로가 출가 후 '새벽 효曉'자를 써서 '원효'라 칭했는데 그의 원대한 포부를 드러내 보인 것이라 여겨진다. 한국불교계에서는 원효대사가 새벽을 열었고, 이후 많은 선조사들이 그의 뒤를 이어 새롭게 불교중흥을 이끄니 원효라는 이름은 천여 년을 내다본 작명이 된 셈이다.

셋째, 민중적이었다. 그는 위대한 학문적 성과를 이루면서도 절이나 궁궐의 권력층 곁에만 머물러 있지 않고 글 모르고 힘없는 민중들에게 낮은 자세로 다가갔다.

『삼국유사』 4권에서 원효를 소개하는 글의 제목이 「원효불기」인데 이를 통해 단편적으로나마 기록상의 명문을 통해 그를 들여다본다.

원효불기元曉不羈란, '무엇에도 매이지 않은 원효' 또는 '원효는 아무 것에도 매이지 않았다.'이다. 여기에서 태몽, 어린 시절, 파계(요석공주와 만나 아들 설총을 낳음), 파계 후 무애행, 『금강삼매경소金剛三昧經疏』 저서, 입적 등 7가지 사건을 다루고 있다.

그 중 요석공주를 만나 설총을 낳은 사건(파계)을 이렇게 적었다.

▲ 원효와 요석공주의 설화

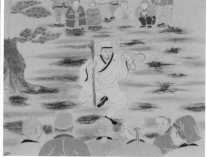
▲ 무애를 들고 백성들을 교화했던 소성거사 원효

어느 날 원효가 미친 듯이 거리에서 노래를 불렀다.

"누가 자루 없는 도끼를 주랴? 하늘 받칠 기둥감을 내가 찍으련다. 誰許沒 柯斧 我斫支天柱"

태종무열왕이 이 노래를 듣고 "대사께서 귀부인을 만나 어진 자식을 낳고 싶어 하신다. 나라에 어진 이가 있게 된다면 그보다 더 큰 유익이 없다."라고 말하고 궁리宮吏를 보내어 원효를 데려오게 하였다. 궁리가 원효를 찾으니 때마침 문천교蚊川橋를 지나고 있었다. 원효가 일부러 물 가운데 떨어져 옷을 적시니 요석궁瑤石宮으로 인도하여 옷을 벗어 말리게 하였다. 요석궁에는 과부가 된 공주가 거처하고 있었다. 원효가 요석궁에 머무르게 된 뒤 공주는 잉태하여 설총(薛聰, 655~?)을 낳았다. 설총은 나면서부터 총명해 경서와 역사책을 널리 통달하였다. 그는 신라 십현十賢의 한 사람으로 꼽혔다.

또한 파계 후 승복을 벗고 거사로서의 행적을 이렇게 적었다.

원효는 파계하여 설총을 낳은 뒤로는 세속의 복장으로 갈아입고, 소성거사小姓居士라 이름했다. 광대가 춤추며 노는 큰 표주박을 우연히 얻어서 도구로 삼고 이름하여 '무애無㝵'라고 하였는데, 이것은 『화엄경』의 게구偈句에서 따온 이름이다. 원효는 무애를 가지고 「무애가」를 부르며, 천촌만락千村萬落을 노래하고 춤추면서 교화음영教化吟詠하고 다녔다. 이에 가난하고 몽매한 무리들까지 모두 부처의 이름을 알고 염불 한 마디는 다 하게 되었으니, 원효가 끼친 교화는 참으로 컸다.

▲ 설총

설화에서 '자루 없는 도끼'는 모양새가 구멍이 나 있어 성적으로 과부를 암시하고 '하늘 받칠 기둥감'은 남성을 암시하고 있었다. 태종무열왕太宗武烈王 김춘추가 이를 알아듣고서 최근 과부가 되어 요석궁에 돌아와 살고 있는 여동생을 원효한테 주기로 결심했다는 이야기이다. 대사가 파계에 해당하는 결혼을 하겠다고 대놓고 소리치고 다니질 않나, 오빠가 스님에게 여동생을 보내겠다고 하지를 않나 신라사회를 펄펄 끓게 하는 사건이었다. 원효대사는 승복을 벗고 환속하게 되었으며 불교계와 세상 사람들로부터 받듦은 고사하고 배척당하는 생을 살게 된다. 실제 점잖은 의상대사는 수많은 제자들을 거느리고 명성을 남겼지만 원효는 스승도 제자도 없었으며 8년 후배 의상대사와 윤필대사가 있을 뿐이었다.

원효의 속세 성은 설 씨이고 초명(初名: 아이 때 이름)은 서동誓幢이며 보명(譜名:성인 이름)은 사思이다. 요석공주와의 사이에 아들이 하나 생겼으니 설총이다.

설총은 당시에도 신라 십현十賢으로 불리었는데 지금도 한국 유교의 18성현으로 불린다. 이들 18성현은 문묘에 배향되어 후대에도 큰 귀감이 되었다. 삼국시대의 설총·최치원, 고려시대의 안향·정몽주, 조선시대의 김굉필·정여창·조광조·이언적·이황·김인후·이이·성혼·김장생·조헌·김집·송시열·송준길·박세채를 말한다.

아버지 원효대사가 한국불교의 새벽을 열었다면 아들 설총은 한국 유학의 새벽을 열었으니 원효대사가 "하늘을 받칠 큰 기둥을 찍어내리라."며 큰소리친 것이 이루어진 셈이다. 당시 신라 사회에서는 파계를 당하고 손가락질을 당해 패배했을지 모르지만, 역사 앞에서는 부끄러움 없는 행적이었다 해도 과언이 아니리라.

당시 중국의 당나라 시대는 유교와 도교의 정착과 더불어 불교가 새로이 중흥기를 맞이한 상황이었다. 삼국시대 역시 유교, 불교, 도교가 함께하는 사회였다. 『화랑세기』의 기록에 의하면 화랑도가 신라의 전통적인 풍류도와 함께 공자의 유교, 노자의 도교, 석가모니의 불교 정신을 고루 추구했음을 보여준다. 종교와 사상들이 꽃을 피우는 시대였던 것이다.

■ 원효는 무슨 까닭에 무등산에 왔을까?

그로부터 1,000여 년이나 지난 후에 쓰인 『조선사찰사료』 중 「원효암중건기」에서 "서석산(무등산의 옛 이름)의 북쪽에 원효암이 있는데 신라국사 원효가 그 수려함을 사랑하여 이곳에 암자를 짓고 살았다."고 기록하고 있다. 너무 무미건조하게 암자 창건의 이유를 설명하고 있다고 본다.

원효시대는 삼국통일 시기로 삼국 이외에도 당나라까지 한반도에서 전쟁을 벌이고 있어서 민중들의 삶은 고단하기 이를 데 없었다. 원효는 신라사람이라 삼국통일 이후에야 백제에 올 수 있었을 텐데 단순히 수려한 산수를 찾아 무등산으로 발걸음을 했다고 생각하는 건 순박하기 이를 데 없는 판단이 아닐까?

춘원春園 이광수(李光洙, 1892~1950)는 장편소설 『원효대사』에서 화랑정신을 지니고 삼국통일에 적극 앞장선 인물로 원효를 묘사했다. 그러나 나는 종교인으로서의 원효가 결코 살생이 난무하는 전쟁을 옹호하지는 않았으리라 생각한다. 전쟁터가 된 한반도에서 학문과 민중을 사랑했던 원효는 피폐해진 민중들을 달래려고 무등산에 왔었으리라 생각해 본다.

02. 최초로 수군을 창설한 정지 장군

　고려 말 중국 땅은 원나라에서 명나라로 나라가 교체되는 혼란스런 시기였다. 이 시기에 주변 소수민족들이 세력을 확장하기 시작했고 그 여파가 고려까지 미쳐 북으로는 홍건적紅巾賊이, 서남해안에는 왜구倭寇들이 몰려들어왔다.

　홍건적의 침입은 군대를 보내 토벌해 해결되었지만 왜구의 침략은 해를 거듭할수록 그 수가 증가하고 피해도 늘어났다. 1350년(충정왕 2)에 시작된 왜구의 침략은 1392년(공양왕 4)까지 계속되었다. 1377년(우왕 3) 왜구로부터 수도 개성이 위태롭다고 판단돼 도읍을 철원으로 옮길 것을 검토하기에 이를 정도였다.

　당시 바다에서 효과적으로 왜구와 맞서 싸울 전함과 수군이 전무한 상태여서 육군

▲ 정지 장군

만 가진 고려군은 왜구를 막아내기엔 속수무책이었다. 이에 공민왕 때 최영을 비롯한 여러 사람들이 왜구 토벌을 위해 수군과 전함의 필요성을 논의하였으나 실행하지 못하고 있었다. 이즈음에 공민왕이 왜구에 대한 대책을 물으니 평구책平寇策을 꺼내어 올린 이가 정지(鄭地, 1347~1391)였다.

　정지 장군은 섬과 바닷가 출신을 모아 수군을 조직하는 방법을 제시하였고 결국 그에 의해 최초로 수군 창설이 이루어졌다. 최무선이 개발한 화포를 함선에 장착해 왜구의 전함을 불사르기 시작했다. 1382년(우왕 8)에 현재로 치면 해군총사령관이라고 할 수 있는 해도원수海道元帥로 승진하였고, 그 해 10월에 왜구가 50

▲ 경열사

척의 선단으로 진포(지금의 충남 서천군 남쪽에 위치)에 들어오자 군산도群山島까지 추격하여 대파하였다. 달아난 왜군이 경남 사천의 곤양昆陽에 머물러 있자 최무선, 나서羅瑞 등과 병선을 끌고 가서 소탕한다. 이듬해인 1383년(우왕 9) 5월에는 함선 47척으로 왜선 120척을 관음포(현 경남 남해군 고현면 북쪽 바닷가 포구)에서 맞닥뜨려 격파했다. 관음포해전은 고려말 4대 대첩 중 하나이기도 하지만 함포를 장착한 해전으로서, 서양의 베네치아 해군이 군선에 함포를 처음 장비한 갈리아스선(Galleass船)의 해전보다 약 160년 앞선 일이라 한다. 관음포 앞바다는 뒷날 이순신의 노량해전의 장소이기도 하다.

대한민국 수군은 정지 장군을 기리기 위해 잠수함부대를 창설하면서 '정지함부대'라 명명했다. 광주에는 그를 기리는 도로명으로 '경열로'를 두었고, 망월동에서 무등산에 오르는 길 옆에 '경열사'라는 사당을 마련해 영정과 위패를 모시고 있다. 그의 묘도 그곳에 모셔져 있는데 조선시대나 신라시대의 둥그런 분구 모양새와는 달리 위는 평평하고 옆면은 사각형인 돌무덤 형태여서 매우 특이한 모습이었다.

정지 장군은 최영, 이성계와 더불어 고려말의 3대 명장이며, 광주를 대표하는 무인이었다. 그의 정신을 잇고자 조선의 장군들이 출정하기에 앞서 정지 장군의 칼을 차거나 갑옷을

▲ 정지 장군의 갑옷, 고려, 87X73cm, 보물 제336호,
광주역사민속박물관

입기도 하고, 정지 장군의 묘소에서 제를 모시기도 했다.

임진왜란 당시 의병장 김덕령도 의병을 모아 출정에 앞서 정지 장군의 갑옷을 입고 검을 찬 후, 장군의 묘에서 제를 지냈다는 이야기가 전해 온다. 또 병자호란 때에 청의 군대가 남한산성을 포위하자 당시 의병장이었던 유평(柳玶, 1577~1645)도 정지 장군의 철의(鐵衣, 갑옷)를 입고 의병 선포식을 했다는 기록이 있다.

그 갑옷은 1960년 초 광주광역시 광산구 지산동 모씨의 집에서 발견되어 광주역사민속박물관에 소장되어 있다. 이 갑옷은 고려시대는 물론 조선 전기까지의 갑옷 중에 유일하게 전해온 것인데, 쇠로 만든 비늘을 쇠고리를 이용해 연결한 것으로 경번갑鏡幡甲이라고 부른다.

정지의 본관은 나주羅州이며, 나주 문평에서 태어나 광주에서 살았다. 고려의 멸망과 조선의 건국으로 이어지는 격변기에 태어나 1388년에 이성계의 위화도 회군에 동참해 공신에 올랐으나, 정치사건에 휘말려 위기에 처하기도 했다. 그 후 광주로 낙향해 무등산 아래에서 45세의 나이에 생을 마감한다. 후손으로는 광주 금남로의 주인공인 금남군 정충신(鄭忠信, 1576~1636)이 9대손이다.

03. 독수정에 담은 전신민의 충절

고려말 명장 전신민全新民 장군은 포은圃隱 정몽주(鄭夢周, 1337~1392)가 선죽교에서 살해되고 고려가 멸망하자 개경을 떠나 아무 연고도 없는 무등산 자락으로 내려와 버린다. 가급적 조선의 한양으로부터 먼 곳으로 온 것이다. 그것은 두 나라를 섬기지 않겠다는 뜻이었다.

전신민은 고려시대 무등산 이름인 서석산의 '서'자를 따서 호를 서은瑞隱이라 짓는다. '서석산에 숨어살다.'는 의미였다. 그의 벗 정몽주가 세상의 권력으로부터 소박하게 살겠다는 뜻으로 호를 채소밭에 숨는다는 의미의 포은圃隱이라 지었던 데에서 따왔다고도 한다.

▶ 독수정

▲ 독수정 현판

무등산에 내려온 그는 개경이 있는 북쪽을 향해 정자를 짓고 '독수정獨守亭'이라 이름 지었다. 매일 아침마다 조복朝服을 입고 개경의 옛 왕을 향해 절하였다고 한다. 고려를 향한 충성을 결코 버리지 않고 스스로를 외롭게 지키며 살아간 것이다. 독수정은 충신의 절개를 상징하는 정자인 것이다.

이 독수정이 지금 무등산과 그 일대 정자들의 원조가 된다. 독수정은 1393년(태조 2)에 세운 것으로 알려져 있는데, 지금의 담양군 가사문학면에 터를 잡고 있다. 조선 중기에 이르러 그 인근에 환벽당·소쇄원·식영정·물염정·면앙정·송강정·풍암정·연계정·취가정·명옥헌 등이 줄을 이어 들어섰다. 남도 정자의 첫 발걸음은 이렇게 시작되었다.

독수정은 당초엔 초가집이었다가 1891년 후손들에 의해 재건돼 오늘의 모습을 갖추었다. 독수정이라는 이름은 이백李白의 시 중 '백이숙제는 누구인가. 홀로 서산에서 절개를 지키다 굶어죽었네. 夷齊是何人 獨守西山餓'라는 구절에서 따왔다고 한다. 독수정에는 전신민의 '독수정원운 獨守亭原韻'이 걸려있어 그 자신이 정자를 세운 뜻을 밝히고 있다.

독수정원운	獨守亭原韻
세상 일이 막막해 생각이 많아지는데	風塵漠漠我思長
어느 깊은 숲에 늙은 몸 기댈까	何處雲林寄老蒼
천리 밖 바깥세상에서 백발이 되고 보니	千里江湖雙髮雪
한 세월 인생살이 슬프고 처량하네	百年天地一悲凉
옛 왕손들은 아름다운 풀꽃처럼 가는 봄을 슬퍼하고	王孫芳草傷春恨
두견새는 꽃가지에 앉아 달빛 보며 슬피 우네	帝子花枝呌月光
바로 여기 청산에 뼈를 묻어	卽此靑山可埋骨
장차 홀로 지킬 것을 서약하며 이 정자를 짓네	誓將獨守結爲堂

04. 호남정신의 원조, 눌재 박상

무등산에는 김덕령 장군 등 시대를 이끌어온 인물들이 많지만 눌재訥齋 박상(朴祥, 1474~1530)을 호남정신의 원조로 꼽고 있다. 그는 두 번이나 죽음을 마다 않고 신념을 실행에 옮겼기 때문이다. 한 번은 연산군 때의 일이었고, 또 한 번은 중종 때의 일이었다.

먼저 연산군 때의 이야기이다.

나주에 사는 우부리牛夫里라는 천민이 세상을 어지럽히고 있었다. 그의 딸이 연산군의 애첩이었기에 그 힘을 믿고 남의 땅을 뺏는 등 온갖 패악을 저질렀다. 그의 위세에 눌린 관리들도 그의 패악을 어쩌지 못했다. 오히려 우부리의 횡포에 의해 관직을 내놓기 급급했고, 급기야 새로 온 관리도 부임하기를 꺼려할 지경이었다.

그 즈음인 1506년(연산군 12) 32세의 박상이 전라도 도사都事로 발령받아 그곳에 온다. 도사는 관찰사를 보좌하는 종5품 지방관으로 오늘날에는 군수, 당시에는 현령과 동일한 위계였다.

박상은 우부리를 관아로 불러 그의 죄상을 따졌다. 하지만 우부리는 오히려 박상을 면박하며 힐난한다. 이에 박상은 그 자리에서 우부리를 태형에 처하자 그만 우부리가 죽고 말았다. 준비하고 있던 죽창으로 직접 찔러 죽였다고도 하고 곤장을 때려 죽였다고도 전해진다.

지역은 이 일을 내심 환호하였으나 임금의 장인을 죽인 그는 스스로 죄를 청하고자 곧장 궁을 향해

▲ 눌재 박상

123

길을 떠났다. 사건의 소식을 들은 연산군은 급히 금부도사에게 사약을 들고 나주로 내려가게 한다. 그런데 박상이 장성 입암산笠岩山 갈림길에 이르렀을 때 웬 들고양이가 바짓가랑이를 물고 그를 다른 길로 이끌었다. 이 일로 박상은 나주로 향하던 금부도사와 길을 비껴가게 되었다.

고양이가 이끄는 대로 며칠을 걸려 도착한 곳은 금강산 정양사라는 절이었다. 주지는 사정을 듣고서 정양사에 거처를 마련해주고 박상을 숨겨주었다. 그런데 한 달여 만에 중종반정이 일어나 연산군은 왕위에서 쫓겨나고 만다. 결국 박상은 죽음을 면할 수 있게 되었다.

그는 고양이의 은공을 잊지 않기 위해 경기 하남에 있는 논 40마지기를 정양사에 주고 묘답苗畓(고양이의 은혜를 갚는 논)이라 이름 붙여 나온 곡물로 고양이를 보살피는 데 사용하도록 했다. 이 묘답은 일제강점기에 주인 없는 땅이라며 몰수당했다 한다.

또 하나의 사건은 중종 때 일어났다. 1515년(중종 10)에 장경왕후가 죽었다. 이즈음에 담양부사 박상은 순창 군수 김정金淨, 무안 현감 유옥柳沃과 함께 중종반정 직후 폐서인 됐던 신씨愼氏의 복위를 상소했다. 이른바 '청복고비신씨소請復故妃愼氏疏'였다.

신씨는 중종이 반정 전 진성대군이던 시절에 혼인한 부인이었다. 그녀의 아버지는 연산군 때 좌의정을 지낸 신수근(1450~1506)이다. 신수근은 중종반정 참여에 소극적이었던 터라 반정 이후 공신들은 신수근의 딸인 신씨를 폐출시키고 장경왕후와 결혼시켰던 것이다. 당시 신씨의 복위를 주장한 것은 중종과 반정공신들에게 목숨을 걸고 달려드는 일로, 누구도 말하지 않고 복위를 감히 입에 올리지 못했던 사안이었다.

아내가 쫓겨남은 남편에게 잘못을 저지르거나, 시부모에게 불효를 저질렀을 때다. 그게 아니라면 아무런 잘못을 저지르지 않은 왕비가 폐위됨은 옳지 않다는 것이 이들의 생각이었다. 이 생각은 개인적인 판단이 아니라 당시 유교사회가 지키고 있는 규범이자 신념이었다. 세 사람은 함께 벼슬에서 쫓겨남은 물론 죽음을 각오하고 상소를 올리기로 하고 순창 강천사剛泉寺에 모여 각자의 관인官印을 나뭇가지에 걸고 이를 바로잡고자 맹세했다.

그곳이 바로 삼인대三印臺로 순창 강천사 앞길 옆에 서 있다. 그들은 모두 이 일로 유배되었다가 이제 막 정계에 나선 8살 아래의 조광조의 도움으로 그 이듬해 유배가 풀렸다. 이 사건은 공신세력에 대항해 사림들이 결집하게 된 계기가 돼 많은 의미를 지녔다.

▲ 순창 삼인대

박상은 부모 삼년상을 치르고 관직에 복귀하기 전 광주에 머물러 있었다. 그때 무등산 자락에서 화순으로 유배를 가는 조광조를 만났다. 하지만 한 달도 지나지 않아 조광조는 사약을 받고 죽음을 맞았다. 쓸쓸하게 소달구지에 실려 경기도 용인으로 향하는 조광조를 보면서 박상은 만시挽詩를 지었다.

무등산 앞에서 손을 붙잡았는데   無等山前曾把手
관 실은 소달구지만 바삐 고향으로 가는구려.   牛車草草故鄕歸
어느 해 지하에서 다시 서로 만나더라도   他年地下相逢處
인간사 부질없는 시비일랑 가리지 마십시다.   莫說人間謾是非

조광조가 죽은 뒤 그와 함께 하던 사림과 인사들 중에는 의지할 곳이 없어 떠도는 이가 많았다. 박상은 이들을 거둬 사림의 맥을 이어가게 했다. 조광조의 동문인 모재慕齋 김안국(金安國, 1478~1543)과 심세필이 여주에서 후학을 가르친다는 소식을 듣고 여주목사 이희보(李希輔, 1473~1548)에게 조곡 200석을 빌어 그들을 지원했다. 그리고 매년 농사를 지어 조곡을 갚았다. 그가 죽기 3년 전에는 장성 사람 하서 김인후가 찾아와 배우기를 청하였다.

눌재 박상은 호남의 절의정신과 실천정신을 가장 먼저 보여준 대표적 인물로 기억되고 있다. 유학의 입장에서 인仁과 학學, 그리고 의義가 중요한 덕목이라고 한다. 눌재는 그것을 실천함에 있어서도 원조로 삼을 만한 사람이 아닐까?

더 나아가 눌재는 대시인으로 호남시단의 원조이기도 하다. 1,160여 수의 방대한 시를 남

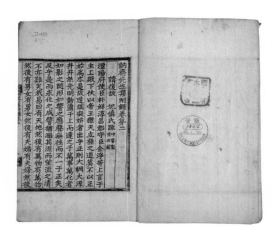

▲ 『눌재집』, 「청복고비신씨소」

겼는데, 정조는 "눌재訥齋 박상朴祥의 시를 후세에는 일컫는 사람이 없지만, 일찍이 그의 유집遺集을 보니 기걸차면서 힘이 있고 아름다운 것이 진실로 동방의 시 중에서 으뜸으로 꼽을 만했다."라고 하였다. 또, "우리나라의 시율詩律로는 대부분 석주 권필·동악 이안눌·읍취헌 박은·간이 최립을 꼽는데, 간이는 꾸밈이 많은 편이고, 읍취헌은 더러 고매高邁한 수준에까지 이르기도 하지만 사소한 흠도 있으며, 동악은 태반이 수창酬唱하는 작품이고, 석주는 너무 부드럽고 아름답다. 눌재訥齋 박상朴祥만이 이들 여러 사람의 장점을 겸비하였으니, 응당 으뜸이 될 것이다."라고 평하였다.

눌재의 시 중 두 편을 보자. 먼저 '석천 임억령 대수의 시에 답한다.'는 「봉수석천임억령대수운奉酬石川林億齡大樹韻」이다.

가을 터럭도 작은 것은 아니고	秋毫亦非細
태산도 큰 것은 아니다.	太山亦非巨
크고 작은 것은 이름에서 나왔고	巨細出於名
이름 없는 것이 그 모체다.	無名乃其母
홀로 서서 우주에 휘파람 부니	獨立嘯宇宙

흰 구름 허공에 가고 또 가네.	白雲空去去
환한 꽃들에 잎이 우거지더니	灼灼者蓁蓁
화려한 꽃은 땅에 떨어지네.	英華沒平楚
아쉬운 봄을 누구에게 맡겼길래	惜春屬何人
이태백과 두보보다 더 슬프게 노래하는가.	謳吟苦李杜
어찌 제물옹 같은 사람이	豈如齊物翁
봄나무와 거니는 것만 하랴.	逍遙大春樹
내가 무성한 모래톱에서 생각하기를	余思在蒼洲
삼신산이 어디에 있는가?	三山何處有
원하는 것 벼슬을 버리고	願言解簪紱
입신양명을 버리는 것이다.	昧昧謝揚著
마음 같은 이 세상에 없고	同心絶世無
아, 나와 친한 사람도 없구나.	呀然莫吾子
누각에 서서 명리를 쫓아 활 쏘는 이들이	樓上射明者
화를 초래함은 벼슬 때문이라.	招禍由腐鼠
그래서 일곱의 어진 선비들은	所以七賢輩
다만 죽림의 술을 기울이고	但傾竹林酒
맹자는 호연지기 기름 키우기를 중히 여겼어라	孟氏貴養氣
이 호연지기는 어느 때 막히는가?	此氣何時沮
그대 데리고 공자께 물어보려	携君問夫子
공자께서 머물던 수수와 사수의 물가를 따라가려 하네.	遵彼洙泗渚
큰 열매는 다행히 먹지 않았으니	碩果幸不食
수습해 내 그릇에 모으리라.	拾之收我筥

이 시를 두세 번 읽어 보면 정조의 생각처럼 눌재 선생의 향기를 느낄 수 있다. 박상은 그의 나이 36세 때에 임억령을 제자로 받아들였는데 아마 그때 지은 것으로 보인다. 임억령을

▲ 눌재 박상 시비, 광주 사직공원

'석과'에 비유하며 제자로 받아들일 의향이 있음을 나타내고, 그 자신은 입신양명하는 것을 바라지 않고 조용히 호연지기를 기르면서 살아가고픈 속마음을 담고 있다.

그는 석천 임억령 외에도 면앙정 송순(宋恂, ?~1259)도 문하에 두었다. 임억령은 뒷날 송강 松江 정철(鄭澈, 1536~1593)·옥봉玉峯 백광훈(白光勳, 1537~1582)·백호白湖 임제(林悌, 1549~1587)·송천松川 양응정(梁應鼎, 1519~1581)·고죽孤竹 최경창(崔慶昌, 1539~1583) 등을 가르쳤다. 임억령은 호남의 사종詞宗으로 불리고 정철은 가사문학의 최고봉이 되었다. 이처럼 눌재의 가르침이 이어진 것이니 그를 호남시단의 원조라고 일컬을만하다.

또 다른 한 편의 시 '껄껄 웃다.'는 의미의 「가가呵呵」라는 시를 본다.

껄껄 웃다.

呵呵

하하 하고 크게 웃고 또 웃는구나.　　　　　　　　　　荷荷大笑又荷荷
먼 지방 백성들을 활기 있게 만들고자 하니 어찌하리　　欲活邅㟃奈若何
역점의 병졸들은 죽어 바다의 귀신이 되었고　　　　　　點卒漕江多海鬼
병졸로 포구 경비하자니 승려들이 절반이라네.　　　　　簽兵戌浦半僧伽
백성들 소송으로 동헌 마당엔 절규 가득하니　　　　　　千家訴案盈庭叫
몇 달 만에 시름으로 귀밑머리가 하얗게 세었다.　　　　數月愁莖插鬢皤
닭마저 잡아온 서리들은 호통 치며 길에 늘어서있고　　鷄縛吏胥號繹路
송아지 코를 꿰니 아녀자와 아이들의 곡소리는 거위 같구나.　犢穿妻子哭如鵝

▲ 송호영당

해변 사람들 닦달해 싱싱한 전복 바치게 하고	鞭笞蜑戶誅青鰒
손님맞이 비단 베 화려하게 장식하니	錦繡賓庖割紫駝
살아간다는 것은 검소한 덕을 실행하는 것뿐이니	蘇復不過行儉德
모름지기 폭포수처럼 말을 늘어놓아야 하리.	直須論列借懸河

　이 시는 지방 백성들의 고난을 보고 기가 막힌다는 말을 역설적으로 '껄껄 웃다.'로 표현
했다. 지방 백성들을 도우려고 배로 물자를 수송하려하니 역졸의 병졸들은 죽어 바다 귀신
이 되었고 포구 경비를 세우려 모으니 승려들이 태반이었다.

　왜 백성들이 곤궁한지 들여다보니 지방 관리들의 수탈 때문이었다. 서리들이 민가의 닭마
저 빼앗고 송아지는 코를 꿰어서 끌고 가고 해변 사람들에게는 매질을 해대며 전복을 따오
게 했다. 또한, 화려한 장식과 치장으로 손님을 맞이하니 백성들의 삶은 고단했다. 그래서 백
성들을 살리는 방법은 검소함이라고 주장한다.

　「봉수석천임억령대수운奉酬石川林億齡大樹韻」에서 관직에 나아가지 않으려 했던 이유

를 설명한 것이라면 '가가呵呵'에서는 사람들의 정치 개혁의 방향은 민생중심이어야 한다는 생각을 밝힌 것이다.

박상은 연산군 시대에 광주 서창동 절골마을에서 태어났으며 본관은 충주로 자字는 창세昌世다. 그의 아버지 박지홍은 원래 충청도에서 살았지만 세조의 왕위찬탈을 보며 출사를 포기하고 처가인 광주에 와서 살기 시작했다.

광산구 소촌동의 송호영당松湖影堂에 박상의 진영을 모시고 있으며, 고봉 기대승과 함께 광주 월봉서원月峰書院에 제향祭享되어 있다. 또한 남구 서창 쪽 '눌재로'에 그의 이름을 붙여 그를 기억하고 있다.

송호영당은 종친회에서 관리한다고 하는데 수차례 들러보았지만 문은 굳게 닫혀있었다. 제사 모시는 때에만 문을 연다는 의미일 것이다. 지금은 바로 옆에 아파트들이 들어서 있어 상대적으로 궁색하기는 하나 모두에게 문을 활짝 열고 소통할 수 있는 방법을 모색했으면 한다. 건축물을 단지 제사 용도로만 생각하고 있는 듯해 아쉬움이 크다. 하다못해 송호영당 입구에 '호남정신의 원조, 눌재 박상의 송호영당'이라고 깃발을 세워 놓는다 한들 누가 뭐라고 할 것인가!

05. 화순에 내려놓은 개혁의 꿈, 조광조

1506년 연산군이 폐위되는 중종반정으로 조선은 새로운 전기를 맞이했다. 이때부터 선조시대의 임진왜란과 정유재란, 광해군 시대, 인조반정, 그리고 1636년 병자호란 직전까지의 131년간을 조선중기라 말한다.

중종 대에 호남에서는 사림이 형성되었다. 사림士林이란 유학자들의 집단인데 정치적으로는 조선초에 개국공신인 훈구파가 정권을 거머쥐고 있는 가운데 그에 정면으로 맞선 모양새를 취하고 있었다. 그러다보니 사림이 훈구파로부터 거듭 화를 당하였으니 '사림士林의 화禍'란 의미인 사화士禍가 빈번히 발생했다. 호남사림 형성에 직접적으로 큰 영향을 미친 사람은 한훤당寒暄堂 김굉필(金宏弼, 1454~1504)과 정암靜菴 조광조(趙光祖, 1482~1519)였다. 김굉필은 순천으로, 조광조는 화순으로 모두 이 지역으로 유배를 온 이들이었다.

흔히들 사림의 시조는 정몽주와 권근의 문인인 야은冶隱 길재(吉再, 1353~1419)이며, 사림의 중시조는 보통 김종직을 일컫는다. 김종직은 세조 대에 출사해 성종 대에 사림의 정치세력 형성에 크게 기여했기 때문이다. 김종직의 제자로는 정여창·김굉필·이목·권경유·김안국·김정국·김일손 등이 있으며, 조광조는 김굉필의 제자이다. 조광조는 사림의 사상적 중시조라 부르기도 한다.

▲ 조광조

131

▲ 화순 죽수서원

　정암 조광조는 1482년(성종 15) 경기도 용인에서 태어났다. 조광조는 아버지가 함경도 지방에 지방관으로 파견되자, 마침 그곳에서 유배생활을 하던 김굉필에게서 학문을 배웠다. 조광조는 그때 17세였다.

　당시 김종직 등이 실록에 '조의제문弔義帝文'을 실어 세조의 왕위찬탈을 풍자하며 비난한 것을 빌미로 연산군에 의해 1498년에 무오사화가 발생했다. 김굉필은 김종직의 문도로 분류되어 평안도에 유배 중이었다.

　다시 1504년(연산군 10)에 연산군의 어머니 윤 씨의 폐위에 가담했다는 이유로 갑자사화가 발생하자 김굉필은 탄핵을 받고 전라도 순천에 유배되었다가 사형당했다. 이때 조광조도 김굉필의 제자라는 이유로 유배당했다.

　김굉필의 문하에서 조광조 이외에 이장곤李長坤·김안국金安國·이연경 등이 배출되었다. 뒤이어 백인걸·성수침·성혼·율곡 이이·김인후·정철로 학맥이 이어졌다.

　조광조는 연산군 대를 지나 1515년(중종 10) 33세로 과거에 급제 후 본격적으로 벼슬에 나아갔다. 왕의 총애를 받은 그는 유래 없는 초고속 승진을 하는데, 3년 만에 지금의 장관격인 정2품 사헌부 대사헌에 오른다. 김굉필 사후 사림의 영수 자리를 이어받은 셈이다.

▲ 화순 학포당

조광조는 유교를 정치와 백성 교화의 근본으로 삼아 실천해야 한다는 정치관을 가지고
있었다. 이를 실현하기 위해 죽기 전 4년 동안 많은 노력을 기울였다. 당시 그의 노력은 그
어떤 조선 왕들이나 관료들보다도 과감하였다 해도 과언이 아니다. 하지만 당시는 연산군의
폭정을 대신해서 반정공신들의 힘이 왕보다도 막강했던 때였다. 그의 개혁에 많은 반발과
견제가 시작됐다.

첫 번째 사건은 조광조가 정계에 들어온 해인 1515년에 일어났다. 중종반정 후 중종과
결혼한 정순왕후가 사망하자, 전라도 담양부사 박상과 순창군수 김정 그리고 무안현감
유옥이 신 씨를 복위하고 폐위를 주도한 박원종을 처벌하라는 상소를 올린다. 신 씨는
연산군의 처남인 신수근의 딸인데 중종이 왕이 되기 전에 결혼한 부인으로 중종반정 후
훈구파에 의해 강제 폐위 당했다.

이는 당시 공신들로 이뤄진 훈구세력 입장에서는 받아들일 수 없는 '사건'이었다. 결국
박상과 김정은 삭탈관직 후 유배된다. 문제는 이때 조광조가 사간원에 부임하자, 이 유배를
주도한 사간원·사헌부 관료 전원 해임을 촉구하는 상소문을 중종에게 올린다. 중종과
관료들은 얼마나 당황하였겠는가! 중종은 처음엔 이를 거부했으나, 조광조의 굽히지 않는

▲ 조광조 적려유허비

▲ 『정암선생문집』

인물됨을 보고 그를 키워 공신들을 대적해 왕권을 강화할 욕심을 키운다. 결국 조광조의 상소는 수용된다.

두 번째는 1518년(중종 13)에 오랫동안 행해진 도교의 제천 행사인 초제醮祭를 막았다. 초제는 의례행위였고, 이를 담당하던 곳이 소격서였는데, 삼청성진三淸星辰(상청·태청·옥청으로 신선들이 살고 있다는 곳)에 제를 지내는 소격서를 철폐했다.

이로 인해 궁중의 사람들은 조광조에게 거리감을 갖게 되었고 중종과의 관계도 서서히 틈을 보이기 시작했다.

세 번째로 같은 해에 사림과 자신의 세력을 확대하기 위해 현량과를 시행했다. 사림과의 추천을 받아야만 과거를 볼 수 있도록 하여 사림의 중앙 등용을 확대하고, 공신들의 세력을 약화시키고자 한 것이었다. 김식·안처겸·박훈 등 28명의 신진 선비들을 등용하고, 김정·박상·이자·김구·기준·한충 등 소장학자들도 요직에 앉혔다.

네 번째로 향약보급을 추진했다. 향약鄕約은 향촌자치가 목적인데, 유교적 예절과 풍속을 향촌사회에 정착시키고 각종 재난災難시 상부상조하기 위한 규약이라고 할 수 있었다. 이를 통해 지방에서도 사림의 영향력을 높이고자 한 의도가 있었다.

다섯 번째로 1519년(중종 14), 정계에 진출한 지 4년째에 마침내 반정공신들의 세력을 직접적으로 막고자 공훈이 과하게 내려졌다는 이유를 들어 76명의 공훈을 삭제하라는 '위훈삭제'를 주장하고 관철시켰다. 공훈의 지위가 삭제된 공신들은 권력은 물론 농토와 노비 등 경제적 영향력도 다시 빼앗기게 되었다.

기존 정치세력들이 이를 가만히 지켜보고 앉아 있을 리 없었다. 반격의 기회를 모색하기 시작했다. 공신세력들은 대궐 후원에 있는 나뭇잎에 '주초위왕走肖爲王'이라고 꿀로 글을 써서 그것을 벌레가 파먹게 했다. 이를 자연적으로 생긴 양 꾸며 궁인으로 하여금 왕에게 고해 바치게 하였다. '走肖'는 즉, '趙'자의 파획破劃이니 주초위왕은 조씨가 왕이 된다는 뜻이었다. 조정은 술렁이고 왕은 동요했다. 공신들인 남곤·심정·홍경주

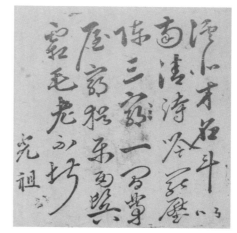

▲ 조광조 필적

등이 밤중에 대궐로 들어가 왕에게 조광조의 무리가 모반하려 한다고 거짓으로 아뢰었다. 중종은 처음에는 조광조를 중용시켰으나, 왕권까지 위협한다고 생각하던 차였다. 중종은 조광조·김식金湜·기준·한충·김구·김정·김안국·김정국·이자 등을 감옥에 가두고 모두 먼 곳으로 귀양 보냈다. 이것이 이른바 1519년(중종 14)에 일어난 '기묘사화己卯士禍'이다.

후세 사람들은 이 사건을 두고 '기기묘묘奇奇妙妙'한 일이었다고 비꼬아 말하였다. 한겨울인 11월 15일에 체포된 조광조는 전라도 화순군 능주에 유배되었다. 다시 중종이 자기를 불러줄 것을 기대하고 기다렸지만 유배된 지 약 한 달째인 12월 20일에 사약을 받고 쓰러진다.

중종은 그를 심문도 하지 많은 채 사형을 집행시켰다. 사화로 화를 입은 이들을 '기묘명현己卯名賢'이라 했다. 모두 95명 정도에 이르는데, 영모당永慕堂 안당(安瑭, 1460~1521)은 교사형을 당했고, 충암沖菴 김정(金淨, 1486~1520)은 사사되었으며, 기대승의 숙부인 기준(奇遵,1492~1521)은 교살되었다. 한충(韓忠, 1486~1521)은 남곤이 보낸 자객에 의해 피살되었고, 정우당淨友堂 김식(金湜, 1482~1520)은 자결했으며, 박세희·윤자임은 유배지에서 죽었다.

신재 최산두도 화순에 유배 와서 살다 죽었고, 임억령은 스스로 해남으로 낙향하였으며

윤선도의 증조부 윤구도 영암에 유배 왔다가 해남에 낙향했으며, 유희춘의 형인 유성춘도 파직되어 해남으로 낙향했다. 김안국은 경기도 이천으로, 김정국은 경기도 시흥으로, 음애陰崖 이자(李耔, 1480~1533)는 충북 음성으로 가서 은거했다. 어수선한 광풍이 휩쓸고 지나갔다. 내일을 기약하기 어려운 시절이었다.

조광조는 정치에 입문한 지 4년만에 그의 나이 38세로 죽음을 맞게 된 것이다. 그의 삶에 대해 후세사람들의 평가가 난무하다. 분명한 건 예나 지금이나 정책을 펴는 일은 목숨을 걸어야 할 때가 많다는 사실이다. 그의 시신은 조광조와 함께 생원시에 합격하기도 했던 학포學圃 양팽손(梁彭孫, 1488~1545)에 의해 수습되어 가매장되었다가 고향인 경기도 용인으로 이장되었다.

양팽손은 조광조 등을 위해 항소하다 삭직되어 고향인 화순군 능주에 학포당을 짓고 은거했다. 정암의 죽음으로 사림파의 개혁정치는 결국 실패로 막을 내렸다. 그러나 그의 죽음은 호남사림 형성의 씨앗이 되었다.

뒷날 정암은 18성현 중 한 분으로 추대되어 문묘에 배향됐으며, 화순군 한천면 모산리에 있는 죽수서원竹樹書院에 양팽손과 함께 모셔졌다. 한천면은 능주면에 접해있는 지역이며 '죽수'는 능주의 별칭이다. 서원은 광주광역시로부터는 20여km 거리를 두고 있으며, 농가 주변 한적한 산 중턱에 자리 잡고 있다.

06. 호남사림을 형성한 최산두

기묘사화로 인해 조광조가 화순에서 사약을 받고서 죽던 그날 37세의 선비 신재新齋 최산두(崔山斗, 1483~1536)도 화순 동복으로 유배된다.

최산두는 18세 때, 무오사화에 연루되어 전라도 순천으로 유배 온 한훤당寒暄堂 김굉필 (金宏弼, 1454~1504)을 찾아 가르침을 받았다. 그래서 그는 정몽주·길재·김숙현·김종직· 김굉필로 이어지는 사림 학통을 이은 사람이다.

19세에 상경해 조광조·김안국·김식 등과 교유하며 서울의 군자 모임이란 뜻인 '낙중 군자회洛中君子會'에 참여하며, 도학 정치를 꿈꾸고 정치개혁의 뜻을 조광조와 함께 했었다.

화순에 귀양온 지 13년이 지난 1533년에 유배에서 풀려났지만, 계속 그곳에 머물러 살다

▲ 도원서원

 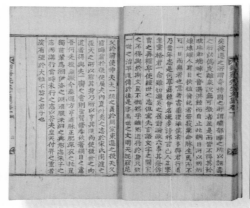 

▲ 신재 최산두의   ▲ 『신재선생문집』
옥홀,
높이 27.1cm,
1513년

3년 후인 1536년에 54세로 생을 마친다. 그는 술로 줄곧 마음을 달래었는데 인사불성이
될 정도로 실컷 마시고 남기는 법이 없었다 한다. 그는 남도에 머물며 당시 18세의 김인후,
21세의 유희춘 등 젊은 인재들을 가르쳤다.

　뒷날 하서 김인후는 문묘에 배향된 18현賢 중 한 사람이 되었고, 미암 유희춘은
호남사림의 거유巨儒로 일컬어진다. 이와 같이 조광조와 최산두의 정치관은 좌절되지
않고 청년들에게 계속 이어졌다. 이런 인연으로 최산두는 호남 사림의 거두巨頭라
일컬어진다. 그는 죽어서 몸은 고향인 광양에 묻혔고 정신은 그가 머물던 화순적벽 인근의
도원서원道源書院에 남았다.

07. 조광조의 죽음과 소쇄원

지금으로부터 약 500년 전에 담양 창평에서 살던 제주 양씨 소쇄瀟灑 양산보(梁山甫, 1503~1557)는 열다섯이 되던 해에 한양으로 올라가 존경하는 정암 조광조에게 글공부를 배운다. 이때 성수침, 성수종 형제와 같이 입학해 이들과 친하게 지냈다.

약 2년 후 양산보가 열일곱이던 1519년 기묘년에 현량과에 급제했으나 숫자를 줄여 뽑는 바람에 낙방한다. 설상가상으로 그해 겨울 기묘사화가 일어나 스승인 조광조가 화순 능주로 유배되어 사약을 받고 죽고 만다. 양산보는 원통한 마음에 곧장 한양을 떠나 무등산 아래에 소쇄원이라는 원림을 짓고 머물면서 이후 관직에 나아가지 않았다.

이때 양산보를 조광조에게 추천했던 친척 양팽손(梁彭孫, 1488~1545)도 조광조 등을 위해 항소하다 삭직되어 고향인 화순으로 돌아와 버려진 조광조의 시신을 홀로 거두었다. 정암의 시신이 용인으로 떠난 후에도 빈 무덤 아래에 죽수사(지금의 죽수서원)를 짓고 제를 지냈다. 그도 학포당을 짓고 은거하며 의義를 보여주었다. 그 후 양팽손도 죽수서원에 배향되었으니 죽어서도 조광조와 함께 하고 있다 하겠다.

소쇄원의 '소쇄'라는 말은 중국 송나라 시대의 은자隱者 공치규孔稚圭가 쓴 「북산이문 北山移文」이라는 글 중에서 나온다. '마음이 맑고 깨끗하다.'는 의미이다.

무릇 지조와 절개는 세속에서 **빼어남**이 있어야 하고	夫以耿介拔俗之標
마음은 맑고 깨끗하여 홍진을 뛰어넘는 기상이 있어야 하며,	蕭洒出塵之想
몸은 흰 눈을 갓 건너 온 것처럼 결백하여야 하며,	度白雪以方潔
뜻은 하늘 위에 다다라야 하는 것이다.	干青雲而直上
나는 은자를 그렇게 알았다.	吾方知之矣

소쇄원은 지금의 담양군 가사문학면에 자리한다. 전신민이 세운 독수정과 가까운 거리이다. 이 원림園林은 양산보가 20대 초반에 짓기 시작해 40세 되는 때에 틀이 갖춰졌다. 그 즈음에 수령을 역임하고 있던 사촌沙村 김윤제(金允悌, 1493~1528)가 그와 처남매부 사이였고, 전라도 관찰사였던 면앙俛仰亭 송순(宋純, 1493~1583)이 외종 사촌이며, 하서河西 김인후(金麟厚, 1510~1560)와는 사돈지간으로 이곳의 건축과 경영에 그들이 관여했으리라 본다.

송강松江 정철(鄭澈, 1536~1593)이 쓴 시로 '소쇄원제초정瀟灑園題草亭'이라는 문구가 있는 것으로 보면 당초의 건축물은 지금의 기와지붕이 아닌 초가지붕이었음을 알 수 있다. 그러나 정유재란 중에 본래의 광풍각은 불타버리고, 1614년에 양산보의 손자인 양천운(梁千運, 1568~1637)이 이를 복구했다. 지금의 기와지붕에 의한 건축은 1717년 양산보의 5대손인 양채지가 중수하면서 이루어진 것으로 보인다. 1775년에 만들어진 「소쇄원도」를 보면 제월당과 광풍각이 기와지붕으로 조성되어 있고 대봉대는 지금과 같이 초가지붕이다.

소쇄원 내의 건축물로는 제월당霽月堂·광풍각光風閣·대봉대待鳳臺·오곡문五曲門·애

▶ 소쇄원 제월당

양단愛陽壇이 있다. 소쇄원은 정원庭園이 아니라 '원림園林'이라 불린다. 정원은 인공적인 공간을 먼저 조성하고 그 안에 여러 식물과 조형물을 가져와 배치하는 형식을 가지는 반면, 원림은 자연 그대로의 모습을 살린 바탕 위에 인공의 조경을 살짝 얹는 형식으로 조성된 것을 말한다.

　제월당霽月堂과 광풍각光風閣은 '가슴에 품은 뜻의 맑고 맑음이 비갠 뒤의 청량한 바람과 달빛과 같다. 胸懷灑落如光風霽月'에서 따온 이름이다. 이 말은 고대 중국 북송의 시인 황정견이 그의 스승인 대유학자 주돈이(周敦頤, 1017~1073)의 인품을 표현한 것이었다. 제월당은 주인이 머무르는 집이다. 그래서 이곳엔 마당이 있으나 광풍각에는 그것이 없다.

　제월당에 많은 시문이 있는데, 양산보를 비롯해 하서 김인후·면앙 송순·고봉 기대승·석천 임억령 그리고 양산보의 30년 후배인 제봉 고경명의 글이 있다. 특히 소쇄원의 48가지 모습을 노래한 김인후의 「소쇄원 48영四十八詠」이 두 개의 현판으로 나누어 새겨져 있다. 광풍각으로 내려가는 일각문一閣門에서는 허리를 깊이 숙이고 드나들어야 한다. 일부러 문을 낮게 만들어 학문과 삶을 대하는 데 겸손해야 함을 상기하도록 했다.

　광풍각光風閣은 손님을 맞고 시문을 나누던 교유의 공간이었다. 소쇄원의 중심에 자리 잡고 있는 이곳은 독서와 사색의 장소이기도 했다. 뒤뜰에 있는 배롱나무는 나무껍질 없이 항상 매끈한 속살이 드러나 있어서 청렴을 상징했다. 예로부터 관청과 사당 그리고 서원 등에 많이 심었다고 한다.

　대봉대待鳳臺는 '봉황을 기다리는 누대'라는 의미인데 손님을 맞이하기 위해 조그마한 축대 위에 지은 삿갓지붕의 아담한 모정茅亭이다. 입구에서 찾아오는 손님을 봉황이라고 불러준다면 누구든 반갑고 고마운 마음이 들 것이리라. 봉황은 태평성대에 나타난다는 상징적인 새이니 태평성대를 바라는 소쇄처사 양산보의 바람이 담겨 있는 셈이다.

　이는 봉황은 오동나무에만 내려앉고 대나무 열매와 맑은 샘물만 마신다는 '장자莊子'의 이야기에서 비롯되었다. 혜시라는 관료가 장자가 자기나라에 찾아오자 혹 자리를 빼앗길까봐 걱정하여 왕에게 소개하지 않았다. 그러자 장자가 직접 혜시를 찾아가 한 말이 이러했다.

▲ 소쇄원 광풍각

▲ 소쇄원 광풍각

봉황	鳳凰
대나무 열매가 아니면 먹지를 않고	非竹實不食
오동나무가 아니면 앉지를 않으며	非梧棟不棲
예천이 아니면 마시지 않는다.	非醴泉不飮

　한편 소쇄원에는 대봉대 옆의 샘터와 같은 연못이 곳곳에 만들어져 있는데 선비들이 자신의 모습을 비춰보는 공간으로 삼았다고 한다.

　오곡문五曲門의 이름은 남송 때 성리학을 집대성한 주자(朱子, 1130~1200)가 지금의 복건성 무이산 제5곡에 무이정사武夷精舍를 짓고 학문과 후학양성을 했던 것에서 빌어온 이름이다. 원래는 외부와의 통로 역할을 했는데 지금은 문이 없이 트여 있다. 주변에 외나무다리가 있는데 이 옆에는 살구나무가 있다. 살구꽃은 봄에 피어 새 생명을 상징하기도 하고 하얀 꽃이 백발을 떠올리게 하므로 무병장수를 상징한다. 외나무다리 옆에 이 나무가 있으면 '조심하세요, 주의하세요.'를 의미한다.

오곡문 옆에 애양단愛陽壇이라는 담장이 있다. 한겨울에도 볕이 잘 든다고 해서 붙여진 이름이다. 또, 『효경孝經』에 '애양'은 하루를 아껴 부모께 효도하라는 의미를 담고 있다. 여기에 효를 상징하는 동백나무가 있어서 그 뜻을 더하고 있다.

동백은 상록수로 추운 겨울에도 꽃을 피우는데, 한결같은 마음으로 부모를 공양하되 특히 추운 겨울에는 더욱 정성을 다하라는 뜻을 담아 심었다 한다.

또 제월당으로 가는 길 우측 담장 아래에는 '소쇄 처사양공지려瀟灑處士梁公之廬'라고 적혀있다. 소쇄처사가 사는 작은 오두막집이라는 소박한 의미를 담고 있다. 여기에도 지금은 죽어 있는 오래된 측백나무가 보이는데 살아서 천 년, 죽어서 천 년을 산다고 해 끊임없는 학문의 자세를 상징한다. 양산보는 여기가 학문하는 곳임을 천명한 것이다.

▲ '소쇄처사양공지려'가 새겨진 돌담과 측백나무

그리고 지금은 남아 있지 않지만 제월당 서쪽담장 너머에는 원래 고암정사와 부훤당이 있었다. 고암정사는 양산보의 둘째 아들 고암 양자징이, 부훤당은 막내 아들인 지암 양자정이 지은 서재였다. 당시의 모습을 그린 「소쇄원도」에도 두 건물이 보인다. 하지만 정유재란에 일본군에 의해 불타고 사라졌다.

양산보가 천명하고 있듯이 그는 이곳에 숨어서 유유자적하고자 한 것이 아니었다. 여기에서 많은 이들과 학문과 정치를 이야기했다. 조광조의 죽음 이후의 세상을 이야기했을 것이다. 당시 16세기 호남의 사림들 중 면앙정 송순·석천 임억령·사촌 김윤제·하서 김인후·미암 유희춘·서하당 김성원·고봉 기대승·제봉 고경명·송강 정철 등이 이곳을 찾아 양산보와 교유했다.

'소쇄처사양공지려'라는 담장의 글과 제월당·광풍각의 글씨는 우암尤庵 송시열(宋時烈, 1607~1689)의 글씨로 양산보 사후 5대손 양택지가 받아왔다.

조선 초기는 정도전이 국정을 이끌고 중기는 조광조가 이끌었다면 후기는 송시열이다. '송시열의 나라'라고 불릴 만큼 송시열의 영향력이 막강하여 문묘에 배향된 인물이다.

송시열은 대전 사람이고 200여 년간 노론의 정치를 열었다. 소쇄원은 이처럼 많은 이들의 사랑을 받는 공간으로 이름을 얻었다.

호남사림들과 소쇄원가 사람들의 집안 관계와 교유 내력을 살펴본다. 먼저 양산보는 조선후기 여흥 민씨, 안동 김씨와 함께 3대 명문가인 광산 김씨와 혼인하며 탄탄한 인맥을 형성해 나간다. 나이가 비슷한 사촌 김윤제와는 각별한 처남매부 사이다.

송강 정철과 서하당 김성원은 사촌 김윤제의 제자들이다. 이 인연으로 김윤제의 사위가 정철의 장인이다. 또한 김성원은 하서 김인후와 석천 임억령의 제자이기도 하며, 임억령의 사위가 된다.

고경명은 양산보의 아들 양자징·양자정과 깊이 교유하면서 양자징의 장남 양천경을 제자로 삼았고, 양자징의 사위 안영은 임진왜란 때 고경명과 함께 의병에 참여해 금산전투에서 순절하기도 했다. 양자징은 하서 김인후의 딸과 결혼했다. 송순은 양산보의 10살 위 외종 형이다.

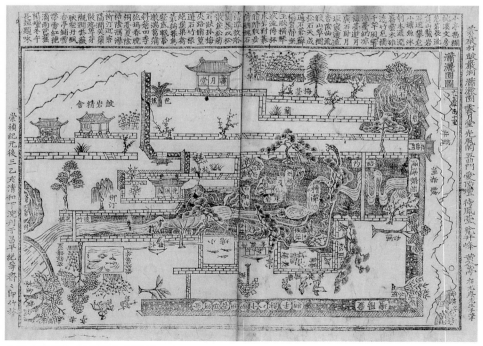

▲ 『소쇄원사실』, 「소쇄원도」, 1635년

146

이와 같아서 소쇄원은 조선 중기 호남의 명사들의 교유의 중심지로서 명성이 높았을 뿐만 아니라 호남 누정문화의 특징인 시문학의 시발점이 되는 공간이기도 했다. 그 시단 형성의 출발 인물이 면앙정 송순·제봉 고경명·석천 임억령 그리고 「소쇄원 48영」을 지은 하서 김인후이다.

김인후는 장성 사람이다. 10세에는 전라도 관찰사로 와 있던 모재 김안국으로부터, 17세에는 면앙정에 자리 잡은 송순에게서, 18세에는 기묘사화로 동복에 유배 온 신재 최산두를 찾아 학문을 배운다. 최산두를 만나러 동복에 가려면 소쇄원 앞길을 거쳐야 했다. 그래서 소쇄원의 7세 연상인 양산보와 친구처럼 지냈고 원림의 물고기도 알아볼 정도로 자신의 집처럼 드나들게 된다.

그 결과 하서는 「소쇄원 48영」이라는 시를 남겨 소쇄원의 사계절과 아름다움을 잘 표현했다. 「소쇄원 48영」을 소쇄원 담장에 흰 글씨로 새겨 놓았었다. 마치 지금의 애양단, 오곡문 등의 명칭이 벽에 새겨져 있듯이. 오랫동안 많은 명사들이 오가며 벽에 새겨진 시를 살피며 감상했으나 어느 해에 그만 홍수로 유실돼 버리고 만다. 지금은 이 시문이 제월당 2개의 편액에 담겨 걸려있다.

양산보의 둘째 아들 고암 양자징은 김인후의 사위이자 필암서원에 스승과 유일하게 함께 배향된 수제자가 되었다. 또한 퇴계 이황의 제자이기도 하다. 고암은 소쇄원 옆에 고암정사라는 자신의 서재를 두었으며, 1570년에 학구당學求堂이라는 사설 중등교육기관을 창건하는 데 주도적 역할을 하며 지역사회 후진 양성에도 공헌하였다.

▲ 학구당

학구당은 환학당 조여심과 양자정을 중심으로 지역 사회 25개 성씨가 협력하여 설립해 200년 동안 800여 명의 인재를 배출하였다. 강학 공간인 강당건물과 휴식공간인 2층 문루 두 개의 건축물이 마주보고 있다. 소쇄원에서 광주호 주변길을 따라 고서면에 들어서는 길 우측에 '수남학구당' 이정표가 있다. 안내문에는 환학당 조여심(1518~1594) 선생이 학생들을 모아 공부를 가르친 곳으로 소개되어 있었다.

양산보의 셋째 아들인 양자정은 김성원·고경명·정철 등과 가깝게 지낸다. 김성원의 식영정과 양자정의 소쇄원은 둘 사이의 교유 장소였던 것이다. 김성원은 하서 김인후와 석천 임억령을 스승으로 모셨고, 율곡 이이와도 친구로 지냈으며, 옥봉 백광훈, 회재 박광옥 등과도 교유했다. 그리고 고경명은 양산보의 손자 양천심과 양천경을 제자로 둔다. 고경명의 조부 고운과 양산보는 기묘사림으로서 양가는 정치적 동지관계이기도 했다.

조선후기에 들어서 소쇄원의 명성은 전국에 알려져 이곳을 찾는 이들의 발길이 이어졌을 뿐만 아니라 소쇄원 사람들은 서인·노론계 사람들을 적극 초대하기도 했다. 이를 주도했던 사람은 양진태과 양택지(1650~1691)였다. 그들은 송시열의 문인이며 이민서·김수항을 섬기었고 김창협·김창흡 등과 교유하였다.

▲ 김수항

김수항은 안동 김씨 집안으로 명문가였으나 그만큼 부침이 심했던 가문이며, 김창협과 김창흡은 그의 아들들이다. 김수항(金壽恒, 1629~1689)은 현종·숙종 때에 이조판서와 정승을 지내며 서인·노론의 중심에 있었고 송시열의 주자학문을 현실정치에 반영한 인물로 평가된다. 또한 큰 아들 김창집 또한 노론의 영수였고 둘째 아들 김창협도 대사간까지 지냈다.

그러나 1689년 기사환국으로 인해 김수항이 진도 유배지에서 사사되었다. 1722년에는 신임옥사 때 노론 4대신으로 김창집이 유배갔다가 사사되고 김창집의 아들과 손자도 유배지에서 죽임을 당한다. 이에 충격을 받은 셋째 아들 삼연 김창흡은 관직에 나아가지 않고 방랑과 은둔을 지향하게 되는데 후대 안동 김씨의 김삿갓과 같이 명승산천을 떠돌며 당대 최고의 여행가이자 문장가가 된다.

김창흡은 그의 아버지가 유배지인 영암에서 1675년부터 1678년까지 지낼 때 호남을 유람했다. 65세인 1717년 봄철에 다시 전라도 여행길에 올라 3개월 동안 소쇄원과 환벽당에 머물렀으며, 그 기간에 서석산과 동복의 물염정과 적벽을 찾았다. 그는 그때까지 남아있었던 소쇄원 담장에 새겨진 김인후의 시문을 앞에 두고 시를 남겼다.

소쇄원 속의 나그네여 지금 사람은 옛 사람이 아니다네.

어찌 일찍이 구름 달이 늙으리오. 대나무 소나무 참모습이 있는데

하얀 폭포는 반석 돌아 오묘하고 조담槽潭을 희롱하며 만져보도다.

담장에는 담재湛齋 글씨 남았으니 무릎 꿇고 읽어보며 나의 의관 정제하네.

담재湛齋는 하서 김인후의 또 다른 호다. 초창기의 소쇄원 모습처럼 긴 담을 쌓아 「소쇄원 48영」을 벽에 새겨 복원한다면 어떠할까. 소쇄원의 진정한 옛 모습이 될 것이라 생각해 본다.

마지막으로 소쇄원을 소재로 한 시를 소개한다. 먼저 하서 김인후의 「소쇄원 48영四十八詠」이다. 이 시는 자연을 소재로 도학을 그려내고 있다. 주자가 무이산에서 「무이구곡가」로 산과 물의 경치를 묘사하고 있지만 실은 도학을 공부하는 내용이다. 「소쇄원 48영」도 그와 같다 할 것이다.

퇴계 이황은 「도산십이곡」을, 율곡 이이는 「고산구곡가高山九曲歌」를 짓기도 했다. 「소쇄원 48영」은 '제1영 소정빙란小亭憑欄 (작은 정자 난간에 기대어)'으로부터 '제48영 장원제영長垣題詠 (긴 담장에 걸려있는 노래)'이 있다. 그 중 '제10영 천간풍향千竿風響'과 '제13영 광석와월廣石臥月'에 눈길이 갔다.

제10영

대숲에 부는 바람소리 　　　　　　　　　　　千竿風響

이미 하늘가 저 멀리 사라졌다가 　　　　　　　已向空邊滅

다시 고요히 불어오는 바람. 　　　　　　　　　還從靜處呼

바람과 대는 본래 정이 없건만 　　　　　　　　無情風與竹

낮 밤으로 생황을 불고 있네. 　　　　　　　　　日夕奏笙篁

▲ 소쇄원 대숲길

제13영

넓은 돌 위에 누워 달을 본다.　　　　　　　　　　　廣石臥月

이슬 내린 맑은 하늘 달 아래 누우니　　　　　　　露臥靑天月

넓은 돌이 돗자리 대신이로세.　　　　　　　　　　端將石作筵

긴 숲에 푸른 달빛이 흩뿌려지니　　　　　　　　　長林散靑影

밤은 깊어도 잠을 이룰 수 없네.　　　　　　　　　深夜未能眠

　　김인후가 노래한 소쇄원이 전쟁으로 불타버리고 1614년경에 중수된 후 1681년에
양산보의 후손 방암 양경지(1662~1734)가 「소쇄원 30영瀟灑園 三十詠」을 새롭게 남겼다.
그는 '제4영'에서 제월당을 이렇게 노래했다.

제4영

제월당   霽月堂

텅 비고 하얀 세상을 보려거든   欲觀虛白界
냇가 이 집에 앉아야만 한다네.   須坐澗邊堂
푸른 하늘에 걸린 저 달도   一樣青天月
비 갠 뒤에 더욱 어여쁘지.   偏憐霽後光

　겉으로는 비 갠 뒤 달빛의 아름다움을 노래하고 있지만 실은 그처럼 '소쇄'한 인품을 갖출
것을 다짐하고 있는 것이다.
　오늘날 소쇄원은 강진 백운동의 별서정원 그리고 완도 보길도의 부용동 원림과 함께
호남의 3대 정원이라 일컬어지고 있다.

08. 물염정의 사람들

아름다움과 시가 있는 정자들 중에도 화순 적벽에 있는 물염정勿染亭은 그 이상의 무엇이 있다. 이 정자를 세운 이는 최산두(1483~1536)와 동년배인 청심헌淸心軒 송구(宋駒, 1483~1551)인지 그의 아들인 물염 송정순(1521~1584)인지는 주장이 엇갈린다.

물염정에 있는 안내문에는 송정순이라고 강력하게 이야기하고 있으나 개인적인 생각으로는 청심헌 송구가 그곳 동복현의 현감으로 재직 시에 지었다는 주장에 더 공감한다. 최산두 선생이 「제물염정題勿染亭」이란 시를 남긴 것으로 보아 분명 물염정은 최산두 선생이 이 지역에 유배 온 1519년부터 사망한 1536년 사이에 존재한 것이라 할 수 있다. 그런데 송정순 선생은 1521년~1584년의 사람으로 최산두 선생이 사망한 1536년을 기준으로 보아도 15세에 불과하다. 그러므로 최산두 선생의 동년배이자 친구인 송구가 물염정을 지었다고 보는 것이 더 개연성이 있다고 생각한다.

송구의 손자이자 해광 송제민의 사위인 석주 권필이 쓴 유사遺事에서 송구를 소개하기를 '동복현감으로 재직 당시 물염정을 짓고 퇴휴하여 벼슬하지 않았다.'고 했다. 송구의 아들 송정순의 호가 물염이어서 송정순이 지은 것이 아니겠느냐고 생각할 수 있으나, 옛 사람들이 호를 짓기를 고향 마을 이름이나 거처하는 건물의 이름을 주로 사용했었던 것에 비추어 볼 때 호만 보고 그가 물염정을 지었다고 단정하기에는 충분치 않다. 시기적으로는 양산보 선생이 소쇄원을 짓고 있었던 1530년 전후에 물염정도 지어진 것으로 보인다.

물염정 내에는 김창협(1651~1708), 김창흡(1653~1722) 등 선비들의 시문 20개가 걸려 있다. 또한 이곳엔 김성일(1538~1593)등 영남의 사림과 유희춘(1513~1577)·박순(1523~1589)·기대승(1527~1572)·고경명(1533~1592)·이발(1544~1589)과 이길(1547~1589) 형제 등 호남의 명사들이 다녀갔다.

▲ 물염정 현판 (창주 나무송, 농암 김창협, 삼연 김창흡)

적벽과 물염정은 16세기에 교류와 소통의 중심 공간이었던 것이다. 그런 가운데 적벽을 노래하거나 문장을 지은 시문詩文은 김인후 등 수백 명의 사람들에 의해 수백 편이 남겨져 있다.

「물염정기勿染亭記」에 의하면 '물염'이란 세상 어느 것에도 물들지 않고 티끌 하나 속됨 없이 살겠다는 뜻을 지니고 있다. 말과 글에는 힘이 있다고 한다. 송구의 장남인 송정순이 무남독녀를 두었기에 그의 외손인 나무송·나무춘 형제가 물염정을 물려받았다. 그들이 사는 모습이 '궁벽한 이곳에 집을 짓고 살면서 오직 선을 행하며 헌옷을 입고도 패옥보다 화려하게 생각하고 물을 마시면서도 진수성찬보다 달게 여겼다.'고 송사 기우만의 「물염정중수기勿染亭重修記」에 기록되어 있다.

임진왜란 등 혼란의 시대를 살았던 송구의 손자 해광海狂 송제민(宋濟民, 1549~1602)은 물염정신을 대표하는 인물이다. 송제민의 부친인 송정황은 송구의 둘째 아들로 1532년 담양 대곡에서 태어나 하서 김인후, 사촌매형 미암 유희춘에게서 배우고 과거에 급제했다. 당시는 문정왕후가 아들 명종을 대신해 수렴청정垂簾聽政하던 시대다. 송정황은 명종의 외척인

▲ 불염정의 봄

문정왕후의 동생 윤원형의 뇌물요구에 불응하며 조정에 나아가지 않고 기대승을 찾아 학문에 전념했으나 26세에 요절했다.

송제민 역시 담양 대곡에서 태어났으나 광주 운암동에 살면서 토정土亭 이지함(李之菡, 1517~1578)에게 수학했다. 스승의 영향으로 글재주는 물론 천문, 지리, 의술 등 다방면에 조예가 깊었다. 하지만 호방한 성격에 구속을 싫어하기도 했고 그의 아버지의 영향으로 관직에 나아가지 않았다.

임진왜란에 그의 지인들이 정치적인 화를 많이 당하자 세상을 등지고 당시는 무안이요, 지금은 신안인 바닷가를 떠돌았는데 그때 바다의 미친 사람이라 해서 스스로 호를 해광 海狂이라 하였다. 그러다 1592년 4월 13일 임진왜란이 일어나자 5월 16일에 양산룡, 양산숙 등과 함께 의병장 김천일의 종사관이 되어, '소모호서의병문召募湖西義兵文'을 지어 여러 고을에 돌려 의병을 모집하였다. 이듬해 8월에는 외가 친척인 김덕령을 찾아 의병을 일으킬 것을 권유한다.

▲ 송제민 묘표비, 1894년

그는 손수 제주까지 가서 군마 30여 필을 구해와 의병장 김덕령의 의병항쟁을 돕고 또 보유하고 있던 상선 29척을 이순신 장군에게 주어 이를 병선으로 개조해 사용하게 했다. 국난에 맞서 모든 것을 내놓고 나라를 지키고자 했다.

▲ 운암서원

그 와중에 일본의 재침략에 대한 예방책을 논한 '상체찰사이공항복서 上體察使李公恒福書', 전쟁 중의 모든 일과 득실을 논한 '와신기사臥薪記事', 일본과의 화의和議를 반대하며 국력을 길러 극복해야 한다고 주장한 '척왜만언소斥倭萬言疏'를 쓰기도 했다.

바로 다음 시대 사람인 송시열은 자신의 문집 『송자대전宋子大全』에서 이런 송제민을 이렇게 기억했다.

호남에는 옛날부터 으뜸가고 위대하며 어질고 뛰어난 선비들이 많았지만 그 중에서도 세상을 잘못 만나 포부를 가진 채 그것을 실현해 보지 못하고 죽어 오래도록 뜻있는 선비들이 마음을 아프게 하는 자로는 해광 처사만한 사람은 없다.

후대 사람들이 해광의 정신을 기리기 위해 운암산 기슭에 운암서원이라는 사당을 지었다. 그 후 대원군의 서원 철폐령으로 훼철되었다가 무등산 자락 화암동에 새로 지어져 있는데 제4수원지에서 충민사忠愍祠 도달 직전 도로변에 모셔져 있다. 운암서원에는 송제민의 사위 권필도 같이 배향되어 있다. 이 격랑의 역사 속에서 옳은 일을 지향하는 것이 출세보다 앞서야 한다는 물염정신이 '호남정신'의 한 축을 형성하였다고 지역사회는 평한다.

09. 가사문학을 개척한 송순

▲ 면앙정의 가을

무등산 한 줄기 산이 동쪽으로 뻗어 있어 멀리 떼고 와서 제월봉이 되었거늘 끝없이 넓은 들에 무슨 생각을 하느라 일곱 굽이가 한데 움츠려 무더기로 벌여있는 듯하다. 가운데 굽이는 구멍에 든 늙은 용이 선잠을 막 깨어 머리를 얹혔으니 넓은 바위 위에 소나무와 대나무를 헤치고 정자를 얹혀 놓으니 구름을 탄 청학이 천리를 가려고 두 날개를 벌린 듯하다. 옥천산과 용천산에서 흘러내린 물이 정자 앞 넓은 들에 끊임없이 퍼져있으니 넓거든 길지 말고 푸르거든 희지 말라. 쌍룡이 뒤트는 듯, 긴 비단을 펼쳐놓은 듯하다. 어디로 가려고, 무슨 일이 바빠서 달려가는 듯, 따라가는 듯 밤낮으로 흐르는 듯한다. 물 따라 있는 모래밭은 눈같이 퍼져있는데 어지러운 기러기는 무엇을 어르려고 앉았다가 내렸다가 모였다가 흩어졌다가 갈대꽃을 사이에 두고 울면서 좇아다니는가.

넓은 길 밖, 긴 하늘 아래 두르고 꽂은 것은 산인가 병풍인가 그림인가 아닌가. 높은 듯 낮은 듯, 끊기는 듯 이어지는 듯 숨기도 하고 보이기도 하고, 가기도 하고 머물기도 하니 어지러운 가운데 이름난 체하니 하늘도 두려워하지 않고 우뚝 서있는 것이 추월산 머리를 이루고 용구산, 몽선산, 불대산, 어등산, 용진산, 금성산이 허공에 벌려있는데 멀고도 가까운 푸른 언덕에 머문 것도 많기도 많구나. 흰 구름과 뿌연 안개와 노을, 푸른 것은 산 아지랑이다. 수많은 바위와 골짜기를 제 집으로 삼아 두고 나기도 하고 들기도 하며 아양도 떠는구나. 오르기도 하고 내리기도 하고, 먼 하늘에 떠다니니 광야로 건너가고 석양과 섞이여 가랑비를 뿌리는구나.

가마를 재촉해 타고 소나무 아래 굽은 길로 오며 가며 하던 때에 푸른 버들에서 우는 꾀꼬리 교태를 부리는구나. 나무와 억새가 녹음을 이룬 때에 긴 난간에서 긴 졸음을 내어 펴니 수면의 선선한 바람이 그칠 줄을 모르는구나.

된서리 빠진 후의 산빛이 수놓은 비단같구나. 누렇게 익은 곡식은 또 어찌 넓은 들에 퍼져있는가 고기잡이 피리도 흥에 겨워 달을 따라 분다.

초목이 다 진 후에 강산이 묻혔거늘 조물주가 야단스러워 빙설로 꾸며내니 경궁 요대와 옥해은산이 눈 아래 펼쳐있구나. 세상이 풍성하여 가는 곳마다 경이롭다. 인간 세상을 떠나와도 내 몸은 한가로울 겨를이 없다. 이것도 보려 하고 저것도 들으려 하고 바람도 쏘이려 하고 달도 맞으려 하고 밤은 언제 줍고 고기는 언제 낚고 사립문은 누가 닫으며 떨어진 꽃은 누가 쓸겠는가. 아침이 바쁜데 저녁이라고 싫겠느냐. 오늘이 부족한데 내일이라고 여유로우랴. 이 산에 앉아보고 저 산에 걸어보니 번거로운 마음이지만 버릴 것이 아예 없다. 쉴 새가 없는데 길을 전하겠느냐. 다만 청려장 하나가 다 무디어 가는구나.

술이 익었는데 벗이 없겠느냐. 노래를 부르고, 악기를 타고 켜고, 흔들고 온갖 소리로 취흥을 재촉하니 근심이 있고 시름이 붙었겠느냐. 누웠다가 앉았다가, 구부렸다 젖혔다가 시를 읊었다가 휘파람을 불었다가 마음놓고 노니 천지도 넓디넓고 세월도 한가하다 희황을 모르고 지냈는데 이때가 그것이로구나.

신선이 어떻던가. 이몸이야말로 신선이로구나. 강산과 풍월을 거느리고 내 평생을 다 누리면 악양루 위의 이태백이 살아온다 해도 넓고 끝없는 정다운 회포가 이보다 더할 것이냐. 이 몸이 이리 지내는 것도 역시 임금의 은혜이다.

▲ 면앙정 송순 시비, 광주 사직공원

－『면앙정가』, 송순

면앙정에 세워져 있는 면앙정가비에는 정자가 서 있는 모습을 그려낸 부분이 새겨져 있는데 정자를 '구름 탄 청학靑鶴이 두 날개를 펼칠 듯하다.'고 했다.

조선의 시문은 크게 시조時調와 가사歌辭로 발전해 왔다. 시조가 단가短歌라고도 불리는 단문형식이라면 가사는 산문에 가까운 장문형식長文形式이다. 둘의 공통점은 노래가사이며 오늘날 곡조는 전하지 않는다는 것이다.

시조가 고려말에 정몽주의 「단심가」와 이방원의 「하여가」에서 시작되었다면 보통 전북 정읍 태인에서 만들어진 정극인(丁克仁, 1401~1481)의 「상춘곡賞春曲」을 가사 작품의 효시로 알고 있다. 그리고 약 100년 후에 나타난 송순(宋純, 1493~1583)의 「면앙정가」와 정철(鄭澈, 1536~1593)의 「성산별곡」·「사미인곡」·「관동별곡」 등을 대표작으로 본다. 조선의 가사문학은 정자라는 공간을 통해 송순이 이끌고 그의 제자 정철이 꽃을 피운 것이다.

송순(1493~1582)은 지금의 면앙정이 있는 담양군 봉산면에서 태어났다. 본관은 신평 新平이고 호는 면앙정俛仰亭이다. 소쇄원에 걸려있는 그의 칠언시七言詩에 '신평 송순'이라고 자신을 소개하고 있다.

▲ 면앙정

관직에 나가기 전에는 당숙뻘인 송흠을 비롯해 눌재 박상, 육봉 박우, 취은 송세림 등으로부터 학문을 배웠다. 관직에 나아가서는 한성부판윤, 전라도 관찰사, 나주목사 등을 지냈다. 그런데 기묘사화로 조광조를 몰아낸 김안로가 권력남용으로 유배를 갔다가 1533년 다시 우의정에 오르자 송순은 고향으로 내려와 41세 되던 해에 면앙정을 세운다.

송순은 전라도 관찰사로 재직 시에 고종 사촌지간인 양산보가 소쇄원을 건립하는 데 상당한 도움을 주기도 했다. 그는 면앙정가 외에 면앙정 세 글자를 머리에 넣어 「면앙정 삼언가俛仰亭三言歌」를 노래했는데 여기 에서 면앙정이라고 이름 지은 사연을 보여 주고 있다.

▲ 「면앙정삼언가」 현판

면앙정삼언가	俛仰亭三言歌
굽어보면 땅이요 우러르면 하늘인데	俛有地 仰有天
그 가운데 정자 있어 흥이 절로 넘치누나	亭其中 興浩然
풍월을 불러들이고 산천을 모두 모아	招風月 挹山川
지팡이 짚고 한백년을 보내리라	扶藜杖 送百年

이는 맹자 진심장盡心章에 나오는 군자삼락君子三樂 중 두 번째로 '우러러 하늘에 부끄 러움이 없고, 굽어 사람들에게 부끄럽지 않은 것이 둘째 즐거움이요.仰不愧於天 俯不怍於人 二樂也'라고 한데서 인용한 것으로 본다.

송순은 한글가사 면앙정가를 비롯해 한시 560여 수를 남겼다. 문장도 뛰어나 과거시험 시험관이었던 조광조는 그의 문장을 두고 김일손(金馹孫, 1464~1498) 이후 최고라고 칭찬했다고 한다.

면앙정은 당대 명사들인 임억령·양산보·이황·김인후·정철·기대승·임제·고경명 등의 교류의 장이었고 시가문학의 원조 문학관이라 할 수 있다. 송순의 나이 87세 때 과거급제 60돌을 축하하는 회방연을 마치고 집으로 돌아가는데 그의 제자인 정철과 백호 임제, 제봉 고경명이 가마꾼이 되어 모셔드렸다고 한다.

정자 안에는 그 제자들의 시편들이 판각되어 걸려있다.

10. 김윤제의 환벽당이 세워지다.

중종 말기에는 중종의 두 번째 부인 장경왕후의 아들을 추종하던 윤임 세력과 세 번째 부인인 문정왕후의 아들을 추종하던 윤원형의 세력이 다음 후계를 놓고 대립하고 있었다.

▲ 환벽당

중종 서거 후 장경왕후의 아들인 인종이 즉위했는데 8개월 만에 죽고 만다. 이에 따라 문정왕후의 아들 명종이 왕위에 오르게 되는데 문정왕후와 윤원형이 윤임의 세력을 몰아내는 피바람을 일으켰다. 1545년에 일어난 '을사사화乙巳士禍'다. 기묘사화로부터 26년만에 다시 수많은 사람들이 죽거나 지방으로 흩어졌다.

이때 사촌 김윤제와 하서 김인후 그리고 석천 임억령 등도 고향으로 낙향했다. 사촌은 중종 때 관직에 나아가 중앙관직은 물론 나주 목사 등 13개 고을의 지방관으로 일했었다. 그는 고향인 충효동에 내려와 환벽당環碧堂을 짓는다. 환벽당은 사방에 푸름을 둘렀다는 뜻이다. 미루어 짐작컨대 건축 시기는 귀향한 1545년에서 1546년 사이인 것으로 보인다.

환벽당에서 일어난 가장 역사적인 만남은 사촌 김윤제와 송강 정철의 만남일 것이다. 어느 한 여름날

▲ 조대와 용소

 사촌이 잠깐 눈을 붙이다가 꿈을 꾸는데 앞 개울가에서 한 마리의 용이 놀고 있었다. 잠에서 깨 자미탄紫薇灘(배롱나무꽃을 뜻하는 자미화가 많은 개울이라는 뜻이며, 지금의 증암천이다.)을 내려다보니 한 소년이 멱을 감고 있었다. 그 소년은 을사사화로 순천에 내려와 있던 어머니와 둘째 형을 만나러 가는 15세의 소년 정철(1536~1593)이었다.

 정철은 어릴 때에는 유복했지만 그가 10세 때에 매형이 을사사화에 연루되면서 부친과 형이 유배를 당했었다. 김윤제가 을사사화로 낙향하여 담양에 내려와 있을 때 어린 정철은 6년간 유배지를 전전하다가 이제 유배에서 풀려 담양의 환벽당 옆을 지나가고 있었던 것이다. 사촌이 소년을 불러 여러 가지 문답을 해보니 비범해 보였다. 사촌은 순천행을 가로막고 환벽당에서 정철에게 글을 가르치기 시작한다. 이때 김윤제의 사촌 조카인 서하당 김성원(1525~1597)도 같이 공부한다. 나아가 정철은 이곳에서 기대승 등 당대의 큰 선비들을 만나 가르침을 받고 대문장가의 길을 걷게 된다. 정철은 김윤제의 제자이면서 김윤제의 외손녀와 혼인도 맺게 되었다.

 충장忠壯 김덕령(金德齡, 1567~1596)과 풍암楓巖 김덕보(金德普, 1571~1627) 형제 역시

163

▲ 환벽당

작은 할아버지인 김윤제에게 배우며 환벽당에서 공부했다. 김덕령 장군은 어렸을 적에 환벽당 처마에 매달려 참새를 잡아내곤 했는데, 쉬지 않고 매달려 한 바퀴를 돌았다는 전설이 내려온다. 이 이야기는 충효마을 한가운데 있는 샘터에 새겨져 있다.

호남사람들은 환벽당은 물론 소쇄원·물염정·면앙정 등에 모여 서로를 위로하고 정국을 논했으며 여기에는 송순·임억령·김인후·양산보·기대승·김성원·정철·고경명 등 명사들은 물론 김창흡 등 타지의 시인 묵객들도 있었다.

충장사에서 원효사 오르는 길에 '풍암정버스정류장'이 나오는데 그 아래 산속 샛길을 따라 풍암정으로 내려가는 중에 사촌의 재실인 '귀후재'가 있다. 지금은 인적이 거의 없는 깊숙한 곳으로, 숲에 묻혀있는 형상이다. 건물 또한 퇴락해 잘 관리되고 있다고 보기 어려운 모습이었다. 환벽당은 정철의 셋째 아들 정근병의 후손들이 관리하고 있다. 담양의 가사문학관에서 증암천을 건너면 바로 왼편에 자리 잡고 있다.

11. 식영정에 자리 잡은 임억령

조선의 13대 왕으로 11살의 명종이 즉위하자 문정왕후가 섭정에 들어가고 그녀의 동생이자 명종의 외삼촌인 윤원형이 권력을 잡는다. 윤원형은 곧 윤임과 인종 때의 권력자들을 몰아내기 위해 을사사화를 일으킨다. 이 피바람 한가운데 호조판서로 있던 임억령의 동생 임백령이 있었다.

한양에는 평양 출신인 미모의 기생 옥매향이 있었다. 그녀는 임백령의 정인情人이었으나 인종 때 권력자인 윤임이 빼앗아 첩으로 삼았다. 임백령은 이 일로 윤임에게 개인적인 감정을 갖게 되었다. 을사사화가 일어날 조짐이 보이자 당시 50세의 석천 임억령(1496~1568)은 금산군수로 있던 중 상경하여 명분이 바르지 못한 정치싸움으로 피바람을 일으키지 말 것을 동생에게 당부하며 한양을 떠나 벼슬을 사직하고 해남으로 내려왔다.

한강 나루터까지 배웅 나온 동생에게 형은 시 한 수를 건넨다.

▲ 식영정

| 잘있거라 한강수야 | 好在漢江水 |
| 고요히 흘러 물결 일으키지 말라 | 安流不起波 |

한강수는 동생을 가리키는 말이었다. 그리고 이 시는 동생과의 결별을 뜻했다. 다음 해에 동생의 추천으로 형에게 내려진 원종공신原從功臣의 녹권錄券이 내려오자 산속 외진 곳에 들어가 제문을 지어 불사르면서 시로써 자신의 뜻을 나타냈다.

대나무가 늙었으니 베이는 것 피하였고	竹老元逃削
소나무는 고상하여 벼슬 받지 않는다네	松高不受封
누가 송죽처럼 지조를 함께 지키려는가	何人與同調
깊은 골짜기에 머리 흰 늙은이 뿐이로다	窮谷白頭翁

본관이 선산善山인 석천은 1545년에 고향 해남에 내려와 한참을 머물다가 1557년에 잠시 담양부사로 일하다 1559년에 퇴임해 다시 해남으로 내려갔는데 김성원(1525~1597)은

▲ 서하당

▲ 부용당

석천이 담양부사로 재직하던 때에 그의 제자가 된다.

▲ 식영정 편액

석천은 65세인 1560년경에 지금의 가사문학 면 별뫼星山 자락의 식영정에서 73세까지의 여생을 시인으로 보낸다. 식영정은 그의 제자이자 사위인 담양 충효리 출신 김성원이 그를 위해 지었다고 한다. 식영정 옆에는 김성원의 살림집이었던 서하당棲霞堂이 있고 서하당 옆엔 부용당芙蓉堂이 있다.

서하당은 '노을이 머무는 집'이라는 뜻이다. 부용당은 1972년에 지은 건물인데 임억령이 지은 「식영정 20영」 중 제19영에 부용당芙蓉塘 (연꽃 핀 연못)이라는 연못이 있었던 점을 감안하여 지은 것으로 보인다. 여기서 '부용'은 연꽃을 의미한다.

사실 임억령 사후 식영정은 언제인가 사라져 버렸다. 200년 뒤에 송강 정철의 5대손 정민하(1671~1754)가 식영정 터를 매입해 중건했고, 「식영정기息影亭記」를 남겼다. 1723년 3월에 그의 집안 어른이자 정철의 4대손으로서 당시 강진 신지도에 유배와 있었으며 후에 복권 후 영조 대에 영의정에 올랐던 정호(1648~1736)에게 「식영정중수기息影亭重修記」를 부탁했는데 지금 정자 안에 남아있다.

정자에는 정민하의 「식영정기」 외에 기문記文이 하나 더 있는데 임억령이 68세 되던 1563년(명종 18)에 남긴 기문을 1950년에 그의 후손 임태우가 다시 옮겨 적고 그 사실을 써서 남긴 「식영정기」가 있다.

결국 식영정의 원래 주인은 임억령이었으나 제자 정철의 후손의 것으로 되었다고 볼 수 있다. 정자 주변에 정철의 '성산별곡 시비詩碑'가 세워져 있는 것도 이와 크게 무관하지는 않은 것으로 보인다.

김성원이 정자를 지은 후 스승에게 이름을 지어달라고 부탁하니 식영정이라 했는데 이 이름은 유교 경전이 아닌 장자의 제물편齊物篇에 등장하는 '자신의 그림자가 두려워 도망치다 죽은 바보'의 이야기에서 유래되었다.

그림자를 두려워하는 바보가 있었다. 그는 그림자에서 벗어나려고 끝없이 달아났다. 그러나 제아무리 빨리 달려도 그림자는 끝까지 그를 쫓아왔다. 더욱더 빠르게 달려도 절대로 그림자를 벗어날 수 없었다. 결국 그는 그림자에서 벗어나지 못한 채 힘이 다해 그만 쓰러져 죽고 말았다.

여기서 그림자는 인간의 욕망을 의미한다. 누구나 세속을 벗어나지 않고는 욕망을 떨쳐버릴 수 없다는 것이다. 그래서 세속을 떠난 공간을 그림자가 쉬는 곳인 '식영세계 息影世界'라 에둘러 표현했다. 불교로 말하자면 해탈에 이른 지경이라 하겠다.

임억령은 식영정을 그 식영세계로 삼고 싶었던 것이다. 참으로 그의 행동에 걸맞는 이름이 아닐 수 없다.

그의 스승 눌재 박상(1474~1530)은 그에게는 장자莊子를 읽으라고 했고 동생 백령에게는 논어論語를 공부하라고 했다 한다. 그렇다고 해도 성리학이 주를 이루는 세상에서 도교 道敎 경전을 인용해 정자의 이름을 대내외에 드러냈다는 것은 석천의 호방한 성품을 드러내고 있다고 생각된다.

식영정은 소쇄원, 면앙정 등과 같이 식영정가단息影亭歌壇을 형성할 만큼 가사문학의 중흥을 이끌어 낸 대표적인 공간이다. 당시 사람들은 임억령·김성원·고경명·정철 네 사람을 '식영정 사선四仙'이라 불렀다. 이들은 성산의 경치 좋은 20곳을 택하여 20수씩 모두 80수의 「식영정이십영息影亭二十詠」을 지었다.

60대 후반의 임억령과 29살 아래 김성원, 37살 아래 고경명, 40세 아래인 정철이 함께 시 짓기를 한 셈이다. 물론 기대승·유희춘·김윤제·김인후·송순·임제·성수침, 풍영정風詠亭의 주인인 칠계 김언거(1503~1584) 등 당대 호남 사림들도 드나들며 시를 지었다. 그의 제자 로는 송강 정철·옥봉 백광훈·백호 임제·송천 양응정·고죽 최경창 등이 있다. 그의 스승 눌재 박상은 호남 시단의 원조라 불리고, 임억령은 시문의 대가, 호남의 사종詞宗이라 불린다. 3,000여 편의 시문을 남긴 임억령의 제자 중 정철은 가사문학의 최고봉으로 일컬어진다.

임억령의 「식영정제영息影亭題咏」을 우리말로 풀어 본 것을 여기에 옮겨본다. 식영정 제영이란 식영정을 주제로 해 노래한다는 뜻이다.

▲「식영정제영」

식영정제영息影亭題咏 - 석천 임억령

무등산의 한가로운 구름 瑞石閑雲
두둥실 떠도는 산마루 저 구름
방금 생겨나더니 도로 걷히었네
하릴없을 땐 무엇이 구름만 할까나
서로 마주볼 뿐 싫증 내지 않는다오

창계(증암천)의 흰 물결 蒼溪白波
속세와 다른 골짜기 석양빛 물들었고
창룡 같은 계곡은 수은을 내뿜는구나
물방울 주머니에 주워 담을 수 있다면
더위에 지친 사람에게 보내고 싶어라

물가 난간에서 물고기를 바라보며 水檻觀魚
이내 몸 물가 난간에 기대어 섰더니
해오라기란 놈도 모래톱에 서 있구나
머리털 흰 것으로야 서로가 닮았지만
나 한가한데 해오라긴 바쁘기만 하네

양지바른 언덕에 오이를 심으며 陽坡種苽
그늘 드리우면 어디든 쉴 만한데
어느 땅인들 오이를 심지 못하리
이슬비에 호미 들고 서 있노라니
조록조록 푸른 도롱이 적신다네

벽오동나무에 떠오른 서늘한 달 碧梧涼月
가을 산이 시원한 달을 토해 내
한밤중 뜨락 오동나무에 걸렸구나
봉황은 언제쯤 여기에 날아들까
이내 몸 지금의 운명에 달렸겠지

푸른 소나무에 맑은 눈 蒼松晴雪
길이란 길은 남김없이 인적이 끊겼고
푸른 소나무는 거의 모두 기울었도다
바람도 없이 무시로 눈덩이 떨어지니
학 한 마리 지금 막 꿈에서 깨었다네

낚시터의 두 소나무 釣臺雙松
빗물에 씻긴 바위는 티끌 하나 없고
서리 맞은 소나무는 비늘 있는 듯해
이 늙은이 오로지 알맞음만 취할 뿐
세월 낚던 주나라 강태공이 아니라네

환벽당의 영추* 環碧靈湫
맑디맑은 영추의 물결 참으로 잔잔한데
나는 듯한 누각 바라보면 배와 같아라
밝은 달 아래 피리를 불고 있나니
물속에 사는 교룡 잠 못 이루겠지

소나무 둘러선 연못에서의 뱃놀이 松潭泛舟
밝은 달밤 언제나 푸른 소나무 아래
낚시하던 바위에 묶인 작은 배 한 척
모래톱가에 있던 해오라기 한 쌍이
다투어 스쳐 가며 술자리를 빙빙 돈다

바위 평상의 피서 石亭納涼
소나무 양산 삼아 햇빛을 가리고서
바위를 평상 삼아 턱 괴고 생각하네
티끌세상 벗어나 호젓하게 있노라니
유월 늦여름인데 겹옷도 서늘하구나

학동의 저녁연기 鶴洞暮煙
연기 한 줄기 들 주막에서 피어올라
어느덧 자욱하게 산허리를 감았어라
회상에 잠겼던 소나무 숲에 살던 학이
놀라 날아오르더니 둥지에 앉질 않네

들녘 목동의 피리소리 平郊牧笛
피리 부는 목동은 소를 거꾸로 탔고
소 풀 뜯던 들판은 안개비에 젖었네
행인이 술집이 어디냐고 물어보니
짧은 피리로 산촌을 가리키누나

---

*환벽당 앞의 개울로 영추靈湫 또는 용추龍湫라고도 불렀다.

172

다리를 건너 돌아가는 스님 短橋歸僧
깊은 골짝엔 가로 놓인 백사장 길
외딴 마을 비치는 어스레한 석양빛.
대 지팡이 짚은 스님은 못에 그림자 되고
두 눈 들어 산 위 구름을 바라보네

모래톱에서 조는 오리 白沙睡鴨
개울가에 쌓인 모래 희고 깨끗하며
모래 위에 노는 오리 곱고 산뜻하다
바닷가 나그네 기심 잊은 지 오래니
솔숲에서 오리 마주하여 잠들어야지

가마우지 바위 鸕鷀巖
물 가운데에 푸르게 이끼 낀 바위
석양빛 받아 반짝반짝 되비치누나
길가는 나그네에 놀란 가마우지는
환벽당 아래 영추를 향해 날아간다

배롱나무꽃 핀 여울 紫微灘
그 누가 중서성의 물건을 가져다가
오늘날 이 산골짜기에 심어놓았던가
화장한 신선이 물속에 환히 비치니
물고기와 새들이 시샘하네

복사꽃 길 桃花逕
돌길은 구름에 묻혀 좁아 보이고
복사꽃 비에 떨어져 얌전히 깔렸네
오늘따라 더욱더 호젓하기만 하니
흡사 옛사람 길 잃었던 곳 같구나

풀꽃 피어난 모래톱 芳草洲
반짝반짝 모래는 눈처럼 밝게 빛나고
작고 어린 풀들은 솜보다 더 부드럽네
모래톱 가운데 머리 허옇게 센 늙은이
한가로이 누런 송아지 따라 졸고 있네

연꽃 피는 연못 芙蓉塘
하얀 이슬이 연잎에 맺혀있고
바람 속에는 사향내음이 감도네
어쭙잖은 시 구절은 지워야 좋겠지만
신묘한 시는 염계濂溪*에 있다

신선이 노니는 동천 仙遊洞
창계천蒼溪川이 흐르는 작은 동천洞天은
밝은 달 맑은 바람 속이로구나.
지금 깃털 옷 입은 노인 있는데
어떤 도사인지 알 수가 없네

---

*중국 후난성湖南省 도현道縣에 있으며, 소수瀟水로 흘러 들어가는 시냇물이다. 주돈이는 그 이름을 따서 자신
의 호로 삼았다. 주돈이는 '애련설'에서 연꽃이 진흙 속에서 아름다운 꽃을 피워내기에 군자의 꽃이라고 극찬했다.

173

위와 같이 「식영정이십영息影亭二十詠」을 임억령이 먼저 짓고 김성원·고경명·정철이 차운次韻하여 시를 지었는데 20영 중 7번째 시 「조대 쌍송釣臺雙松」을 네 사람들이 각각 어떻게 읊었는지 감상해 본다.

빗물에 씻긴 바위는 티끌 하나 없고	雨洗石無垢
서리 맞은 소나무는 비늘 있는 듯해	霜侵松有鱗
이 늙은이 오로지 알맞음만 취할 뿐	此翁唯取適
세월 낚던 주나라 강태공이 아니라네	不是釣周人

-임억령

세월을 낚는 듯이 보였던 강태공姜太公은 사실 주周 문왕文王의 마음을 낚고자 했다. 하지만 나 임억령은 그저 낚시만 할 뿐, 강태공 같은 사람과는 다르다는 것을 말하고 있다. 60대 후반 관직을 물러나온 석천의 이 마음은 진실일 것이다.

물 흐르는 골짝에 쌍용 일어나	澗壑雙龍起
긴 몸에 큰 비늘 박혀 있구나	長身戞巨鱗
어찌 반드시 큰 집만 떠받치리	何須支大廈
그 아래 낚시하는 사람 있으니	下有把竿人

-김성원

큰 소나무가 반드시 큰 집의 대들보가 되어야 할 필요는 없으며 낚시하는 사람의 그늘이 되어 주기만 해도 족하다고 했다. 소나무는 김성원을 비유한 것으로 벼슬에 큰 뜻이 없으며 은자의 삶을 지향하고 있음을 말하고 있다. 김성원은 30대 후반으로서 이제 막 과거에 합격해 관직에 들어선 시기였다.

김성원은 1592년 임진왜란이 일어나자 동복가관同福假官과 동복현감同福縣監을 지내며 군량과 의병을 모으는 데 큰 공을 세웠다. 1596년 조카 김덕령金德齡이 무고誣告로 옥사하는 슬픔을 겪기도 했다. 73세인 1597년에 정유재란丁酉再亂이 일어나자 어머니를 업고 피난하던 중 화순 동복의 성모산聖母山에서 왜병을 만나자 부인과 함께 몸으로 어머니를 보호하다 살해되었다.

백발은 푸른 솔 사이에 아른대고	鶴髮映蒼鬣
낚싯대 한들한들 흰 고기 낚인다	風竿抽素鱗
쌍송은 누가 마주보게 심었을까?	二松誰對樹
안개비가 내리면 쉬어야겠네	煙雨摠宜人

　　-고경명

고경명은 조대에서 낚시하는 노인의 모습을 읊으면서 누가 쌍송을 심었는지 묻고 있으나 정작 속내는 관심 없다는 심사다. 여기서 쌍송은 큰 인물을 의미하는 것 같다. 김성원과 같은 쌍송에 대한 생각마저 잊어버리고 자연에 마음을 내려놓고 있다.

낮엔 쌍송 아래서 시를 읊으며	日哦二松下
못 밑에 노니는 고기들 보았네	潭底見遊鱗
고기는 하루 종일 낚지도 않고	終夕不登釣
주인이 잊은 건 오직 세상사뿐	忘機惟主人

　　-정철

정철은 임억령과 같이 세상사를 잊은 채 오로지 낚시에만 몰두하고 있음을 말하고 있다. 정철이 27세에 과거급제하기 직전, 관직을 막 물러나온 스승과의 시담詩談인 셈인데 50대 초반에 정반대의 「사미인곡思美人曲」을 짓기까지 그의 인생의 한 단면이 들여다보인다.

　400여 년 전 임억령 생존 시에는 환벽당 옆으로 흐르는 증암천가에 조대쌍송이 분명

▲ 환벽당 앞에 자리한 쌍송

있었을 것이다. 지금도 증암천가에는 노송이 많이 들어서 있는데 아마도 이러한 모습이었을 것으로 보이는 두 소나무가 있다.

정철(1536~1593)이 이곳에서 지은 성산별곡은 가사문학의 정수로 꼽힌다. 「성산별곡」은 식영정이 들어선 성산星山이라는 자그마한 산골의 사계四季를 소재로 자연과 벗하며 살아가는 즐거움과 같이 공부한 9년 선배 김성원(1525~1597)에 대한 흠모의 정을 노래한 1560년의 작품이다. 이때 정철은 25세로, 과거에 급제한 27세 때까지 이곳 담양 창평에서 수학하던 중이었다. 과거 시험 전에 「성산별곡」을 지은 실력답게 그는 문과에 장원급제한다.

「성산별곡」은 서사緖詞·춘사春詞·하사夏詞·추사秋詞·동사冬詞·결사結詞로 구성돼 있는데, 조대쌍송을 주제로 이렇게 노래하고 있다. 환벽당 옆 증암천가에 이 부문만 따낸 성산별곡 시비詩碑가 세워져 있다.

한 쌍의 늙은 솔은 낚시터에 세워 두고

그 아래 배를 띄워 가는 대로 던져두니

붉은 여뀌꽃과 하얀 마름꽃은 어느 사이에 지났는지

환벽당 용의 연못이 뱃머리에 닿았구나.

식영정은 가사문학관 바로 우측으로 몇 발자국
걸으면 오를 수 있다. 영산강을 만나러 가는 증암
천이 광주호에 들르는 길목이기도 하다. 증암천은
면앙정 송순이나 송강 정철의 시대에는 '자미탄
紫薇灘'이라 불렸다. 그 주변에 배롱나무(목백
일홍)가 많이 자라고 있어서 붉은 백일홍이
물가에 떨어져 너울지면 그윽한 정취가 더해져
붙여진 이름이었다. 옛 사람들은 배롱나무를
자미화紫薇花라 불렀다.

▲ 환벽당 앞 성산별곡 시비

예전 식영정은 앞에 자미탄을 두고 서 있었지만 지금은 우측으로 커다란 광주호를
발아래에 두고 있다. 그래서인지 이곳은 언제나 바람이 흐른다. 호수의 바람을 이 정자에서
느낄 수 있는 것이다.

12. 사림 유희춘의 일기

"오신다고 기별을 주시고 짐도 먼저 부치셨으면서 왜 이리 늦게 오셨소? 혹시 그 사이에 딴 마음(다른 이가 생겨서)을 먹은 게 아니오?"

물어오는 어조가 사뭇 점잖지만 아쉬움이 가득하다. 이에 미암 유희춘이 답한다.

"기근이 나서 호조에서 관리들의 휴가를 금해야 한다고 주상께 아뢰는 바람에 차일피일 하다가 결국 당신을 보고픈 마음에 주상께 책을 한 권 지어 올리고 휴가를 받아 이제야 온 것이오."

하지만 부인 덕봉의 푸념이 이어진다.

"자고로 사내들이란 살림이 늘어나면 딴 마음 먹기 마련이라니."

▲『미암일기』

미암 유희춘(1513~1577)의 일기 중 부부싸움 이야기다. 그는 김굉필과 최산두로부터 학문을 배우고 김인후·기대승·송순·이황·이이·허준·정철 등과 교유한 16세기 호남의 대표적인 선비였다.

그가 35세 되던 1547년 '양재역 벽서사건良才驛壁書事件'이 발생한다. 어린 명종을 대신해 문정왕후가 정사를 보던 시기에 권신 이기와 윤원형을 비난하는 벽서가 양재역에 붙은 것이다. 이렇게 '정미사화'가 일어났다. 이 사건으로 미암은 윤원형에 의해 제주도·함경도·충청도 등을 전전하며 무려 20년 동안 유배생활을 한다.

미암은 이 기간 동안 수많은 독서와 저서 활동을 하며 세월을 보낸다. 그가 세상을 떠난 뒤 담양에 소장되어 있는 도서가 약 3,500여 권이나 되었다 한다. 그가 55세 되던 1567년에 선조가 즉위하자 귀양에서 풀려나 비로소 조정에 복귀한다. 홍문관 교리로 발령받아 경연을 통해 16세의 선조에게 학문을 가르치기 시작한 것이다. 미암은 이때부터 생을 마칠 때까지 약 11년간 일기를 썼다.

일기는 전형적인 16세기 사림의 생활을 담고 있다. 그 가운데 오늘날과 다른 흥미진진한 풍속 이야기로 읽는 재미가 쏠쏠하다. 먼저 먹거리에 있어서 어류와 육류 모두 말린 상태로 보존되었다. 얼음도 냉장고도 없는 시대라 노루·조기·낙지· 꿩고기를 당시엔 모두 말려놓았다. 그리고 일기에

▲ 미암매

나타난 식품류들을 보면 흔히 예상하는 개고기는 언급되어 있지 않는 것도 흥미롭다.

한편 극심한 흉년이 들었을 때는 양반 집 노비들도 빌어먹으러 도망가 버리고 남아있는 양반들은 앉아서 굶어 죽기도 했다는 웃지 못할 이야기도 남아있다.

제사문화에 있어서는 16세기까지는 아들과 딸이 공평하게 재산을 분배받았기 때문에 제사도 서로 돌아가며 지냈다고 한다. 지금과 달리 평균 수명이 짧아 제사 못지않게 생일잔치도 중히 여겼는데, 오늘날과 같이 미역국을 챙겨주는 것이 아니라 장수하라는 의미에서 국수 먹는 날이었다고 한다.

당시의 미용풍습으로 재미있는 것은 남자들이 노소를 불문하고 귀를 뚫어 귀걸이를 하였다고 한다. 선조 임금은 이를 엄중히 금하는 명을 내리기도 했다.

미암의 부인은 담양 출신의 홍주 송씨로 호는 덕봉(德峰, 1521~1578)이었다. 그녀는 『미암일기』에서도 많은 시를 남겨놓았는데, 이 시기의 신사임당·허난설헌·황진이黃眞伊·이매창 등과 함께 대표적인 여류 예술인이었다. 남편이 객지의 관직 생활 중 편지를 보내면 시를 지어 답하였으며, 자식들과의 대화에서도 시문을 주고받으며 정을 쌓았다. 간혹 명절에 가족과 잔치를 여는 중에 아들과 사위가 춤을 추며 미암 부부를 즐겁게 해주기도 했지만 가족들끼리 시회詩會를 열기도 했다.

1574년 9월 9일 중양절에 국화주를 준비하고서 가족끼리 술자리를 가졌는데 먼저 사위 윤관중이 시를 짓는다.

경사스럽게 고당 위에 모시니	慶侍高堂上
가을 바람에 햇살 맑은 때라네	秋風日照時
거문고 노래에 흥취가 일어나니	絃歌情興發
이 모임을 백년 동안 기약하세	斯會百年期

이에 아들 경렴이 시로 화답한다.

백발의 부모님이 당상에 함께 하시니	鶴髮俱堂上
색동옷 입고 지금 춤을 추니	班衣舞此時
우리집의 무한한 즐거움은	吾家無限樂
이것 말고 또 무엇을 바라리요	此外更何期

미암이 이를 받아 시를 지었다.

대궐에서 은총을 받은 날	紫極承恩日
국화를 술잔에 띄울 때	黃花泛酒時
한집에 친한 이 오육인이	一堂親五六
함께 태평한 때를 즐긴다오	同樂太平期

마지막으로 덕봉이 화답했다.

옛날 남북으로 헤어져 있을 때	昔日分南北
어찌 이때가 있을 줄 알았으리요	那知有此時
맑은 가을 명절에 모이니	清秋佳節會
천리에서 서로 기약이나 한 듯하여라	千里若相期

가족 간의 정담을 즉석에서 시로써 주고받았던 옛 일상을 상상해 보면 오늘날 우리의 모습은 그저 술잔만이 급하게 오가고 있으니 격이 너무 가볍지 아니한가?

1569년(선조 2) 6월 23일의 송덕봉의 병치레에 대한 일기를 보자.

덕봉이 설종舌腫을 얻어 여의女醫를 불렀다. 노의녀老醫女 사랑비가 와서 부인의 백회열에 침을 놓아 피를 뺐고 허준이 부름을 받고 와서 설종병을 논의하고 갔다. 덕봉이 설종 때문에 온 몸에 열이 나서 밤 2경(9시~11시)에 딸자식이 응담을 드리니 열이 조금 내렸다. 딸이 부인을 위하여 무녀巫女를 청하려 하자, 덕봉이 허락하지 않으면서 말하기를, "목구멍의 병증이 분명한데 무당의 제사와 무슨 상관이 있겠느냐. 결단코 청해서는 안 된다." 하였다. 부인의 현명한 판단明斷이 이와 같았다.

일기 전체적으로 덕봉은 남성 주도 사회 속에서도 당당하게 자신의 뜻을 펼치며 살아가고, 어려운 여건 속에서도 가족과 집안을 돌보며 살아온 여장부의 모습으로 곳곳에 남아있다.

이외에도 부부싸움, 노비들에 대한 이야기, 미암의 노비출신 첩과 그 딸들에 대한 이야기와 제사 지내는 관행, 관료의 생활상 등이 생생하게 전해져 세세하게 당시를 살필 수 있게 했다.

담양군 대덕면 장산리 장동마을-16세기 지명으로는 태곡太谷-에 미암 유희춘의 정자인 연계정과 미암사당 그리고 미암박물관이 있다. 연계정漣溪亭은 미암이 일기가 끝날 즈음인 1575년에 지어 머물던 곳이다. 연계는 집 앞의 냇가 이름인데 유희춘이

▲ 연계정

말년에 호로 사용하기도 했다. 미암 유희춘은 한 시대의 질곡을 헤쳐나간 지식인으로서 『미암일기眉巖日記』를 남겨 오늘날 우리가 그 시대를 기억하도록 생생하게 복원해 주었다.

『미암일기』는 1959년에 연계정 앞 연못 안의 모현관에 보관되어 있다가 지금은 미암 박물관에 소장돼 있다. 조선 선조 즉위년인 1567년부터 죽기 직전인 1577년까지 대략 11년에 걸쳐 매일 같이 쓴 것이며, 일기 10책과 부록 1책으로 이루어졌다. 조선시대 개인일기 중 가장 방대하며, 임진왜란이 발발하기 직전의 조선중기 시대 사회상의 일면을 들여다 볼 수 있는 자료이다. 한문으로 되어 있어 원본으로 보면 한 줄을 읽고 나가기가 어려운데 전창권 교수가 2003년에 쓴 『홀로 벼슬하며 그대를 생각하노라』라는 책을 통해 일부나마 재미있게 읽을 수 있게 해줘 감사하다.

미암은 1513년 당시 전라도 해남현 해리에서 태어났다. 미암도 결혼하면 남자가 처가에서 살림살이를 하였던 당시 풍속을 따라 부인의 친정인 전라도 담양에서 살았다.

　미암의 어머니 탐진 최씨는 『표해록漂海錄』의 저자인 최부(1454~1504)의 딸이다.
최부가 추쇄경차관이 되어 제주도에 파견돼 있던 중 부친상을 당하여 1488년 윤 1월 3일에
고향인 나주로 가게 되었다. 풍랑으로 표류하여 중국의 절강성 해안과 북경·요동·의주를
거쳐 6월 14일에 서울로 돌아와 성종에게 보고한 기행문이 『표해록』이다. 현존하는
표해기행록漂海紀行錄 중 가장 오래된 작품이다. 미암이 일기를 썼던 동기가 외할아버지인
최부에게서 영향을 받은 것이 아닌가 생각해 본다.

13. 고봉 기대승의 인문학적 논쟁

처음 만나면서부터 견문이 좁은 제가 박식한 그대에게 도움 받을 것이 많습니다. 서로 친하게 지낸다면 얼마나 큰 도움이 될지. 하지만 한 사람은 남쪽에 있고 한 사람은 북쪽에 있으니 제비와 기러기 같습니다. …… 삼가 황은 고개를 숙입니다.
- 이황이 기대승에게 보낸 편지 중

평생을 우러르며 그리워했는데, 제비와 기러기 오가는 것처럼 되었으니 어찌합니까? 함께 논하고 싶은 학문과 세상사에 대한 생각들이 산과 구름처럼 쌓이고 많았습니다. 제가 선생님을 깊이 그리워함은 멀리 떨어져 있기 때문만은 아닙니다. 광주에서 기선달
- 기대승이 이황에게 보낸 편지 중

26세 차이의 고봉高峯 기대승(奇大升)과 퇴계退溪 이황(李滉, 1501~1570)간의 편지이다. 이렇게 13년간 편지를 주고 받으며 펼친 '사단칠정에 관한 논쟁'의 서막이다.

이황은 1559년 당시 58세로서 오늘날 서울대총장격인 성균관 대사성으로 재직

▲ 고봉 기대승의 편지

중이었다. 바로 전년도에 과거에 급제한 32세의 생원 기대승과는 사회적 지위와 나이의 격차가 큰 관계였지만, 학문 앞에선 모두가 각자의 견해를 당당하게 주고 받았다.

조선은 성리학의 나라였다. 성리학은 인간의 본성을 중심에 둔 학문으로, '성품이 곧 이치다.'라는 성즉리性卽理란 말에서 온 것이다. 인간의 본래 성품이 곧 하늘의 이치라는 주장이었다.

조선의 성리학이 꽃을 피운 시기는 건국 후 200년이 흐른 후 오랜 정치적 대립과 갈등으로 몇 번의 사화를 거친 뒤 사림이 정치적 세력이 약화되고 지방에 은거하던 시기로서 퇴계 이황에 이르면서부터였다. 주리론主理論과 주기론主氣論이 그 시기에 등장한 것이다.

　　고봉과 퇴계가 논했던 사단칠정론四端七情論의 출발은 맹자에서부터 시작됐었다. 맹자가 말한 사단은 약한 것을 보고 가련히 여기는 마음(측은지심惻隱之心), 좋은 일에 겸양하는 마음(사양지심辭讓之心), 잘못을 저질렀을 때 부끄러워하는 마음(수오지심羞惡之心), 옳고 그름을 가리려는 마음(시비지심是非之心)이다. 이는 선善이 발생하는 4가지 단초이며, 우주 만물의 근본 원리인 '이理'라고 설정한다.

　　칠정이란, 기쁨(희喜)·분노(노怒)·슬픔(애哀)·두려움(구懼)·사랑(애愛)·미움(오惡)·욕심(욕欲)의 7가지 감정인데 만물의 현실적인 상태로 '기氣'라고 설정한다. 그래서 이 칠정에는 선과 악이 모두 포함되어 있는 것이다.

　　이처럼 성리학은 도덕률의 출발점을 인간의 본성에서 찾으려 했다. 퇴계와 고봉은 이 사단과 칠정의 관계에 대해 서로의 견해를 주고받으며 올바른 성리학의 실체를 찾고자 했다.

　　퇴계는 성리학의 근본원리인 '이'는 인간본성인데 그것이 그대로 나타난 순수한 상태가

▲ 월봉서원 빙월당

'사단'이라 했다. 그런데 실제 인간의 마음은 만물의 현실적인 상태인 '기'에 좌우되어 뒤섞여 나오는데, 그것이 '칠정'이라 주장했다. 이처럼 이와 기를 분리하는 이황의 학설을 '이기이원론'이라고 한다.

이에 대해 고봉 기대승은 개념으로는 이와 기를 구분할 수 있을지 모르나, 현실에서 순수한 이가 나올 수 없으며, 모든 것에는 이와 기가 함께 나타난다는 '이기공발설'을 내세웠다.

이와 기를 구분해 설명하려는 이황의 주장은 영남을 중심으로 넓게 받아들여졌다. 이를 '이기이원론적理氣二元論的 주리론主理論'이라 했다. 이와 다르게 "사단 칠정이 모두 다 정情이다."라고 하는 기대승의 주장을 '주정설主情說' 내지 '주기론主氣論'이라 하였다.

율곡 이이가 기대승의 주장을 계승해 기 위에 이가 올라타 있는 상하의 구조로 설명하는 '기발이승일도설氣發理乘一途說'을 주장했다.

한편 당대에 서경덕은 이황의 이기이원론에 반하여 '기일원론氣一元論' 또는 '유기론 唯氣論'을 주장하였다. 이후에도 우계牛溪 성혼(成渾, 1535~1598) 등 후대 유학자들이 이 논쟁들을 이어받아 나가게 된다.

나아가 이황은 이상적인 상태를 향해 끊임없이 수양할 것을 강조하였고, 기대승과 이이는 옳고 그른 것이 뒤섞여 있는 현실에 뛰어들어 이를 바로잡는 실천을 강조한다. 이는 이황을 받드는 '영남학파'와 이이를 받드는 '기호학파'의 대립으로 발전한다.

▲『논사록』

여기서 중요한 것은 누가 옳고 그르냐가 아니라 사상을 논하는 데에 있어 상대의 주장을 겸허하게 평가하고 수용하며 자신을 돌아보고 주장과 설득을 통해 소통하는 모습이 아닐까 한다. 정치적 견해가 다르다는 것을 꼬투리 삼아 상대를 죽음으로 몰고 갔던 조선시대의 사화와 당쟁들에 비하면 이 얼마나 아름다운 모습인가?

이황이 성균관대사성에 있을 때 처음 기대승을 만났는데 그 인연인지 기대승도 13년 후에 성균관대사성에 올랐다. 기대승은 명종 대부터 선조 5년까지 총 31회의 경연經筵에 참여했다. 경연이란 임금과 신하가 유교의 경서와 역사를 토론하며 공부하는 시간이었다. 그의 경연 중 명종 때의 1회, 선조 때의 18회 내용을 기대승 사후에 선조의 지시로 사관이 적어놓은 것이 『논사록論思錄』이다. 『논사록』의 내용 중 흥미로운 내용을 살펴보자.

뜻을 세우고 어진 이를 구하고 책임을 맡기는 것, 이 세 가지 일을 항상 유념하소서. 다만 어진 이를 구하려는 마음만 있고 이러한 뜻이 서지 못한다면 비록 어진 이를 구할지라도 얻지 못할 것이요, 설령 이런 선비를 얻었다 할지라도 이러한 뜻이 굳게 서지 못하면 또한 활용할 수가 없는 것입니다.

반드시 임무를 맡겨주고 성공하기를 꾀할 것이며 하찮은 과오는 접어두고 따지지 마소서. 이것이 치도의 큰 강령입니다. 큰 강령이 서지 못하면 하찮은 폐단을 바로잡고자 하여도 될 수가 없을 것입니다.

지난번 하늘의 변고로 인하여 직언을 구하였을 때 5개월이 지나서야 비로소 상소하는 자가 있었는데, 이제 또 상上께서 그 말의 근원을 끝까지 힐문하고 있습니다. 신은 이 뒤로부터 더욱 진언하는 자가 없을까 두렵습니다. …… 행여 사리에 맞지 않고 경솔한 말이 있더라도 심상하게 여기고 용납하여 신하들로 하여금 자기의 소회가 있으면 반드시 아뢰게 하여야 합니다.

사람의 생리는 반드시 음식을 먹어야 살 수 있는 것이니 하루도 재물이 없어서는 안 됩니다. 다만 재물을 위주로 하면 이욕이 생겨서 분쟁이 일어나기 때문에 '덕은 근본이요 재물은 말단이다.'라고 한 것입니다. 백성이 편안한 뒤에야 국가가 다스려지는 것이니 백성들이 풍족하다면 군주가 어찌 홀로 풍족하지 못하겠습니까?

임금은 이익을 독점하지 말고 반드시 백성과 그 이익을 함께 나눠야 합니다. 자질구레한 왕실비용도 관아의 사사로운 물자까지도 곤궁한 백성에게서 취하고 세금이 무겁기가 이 시대 같은 적이 없습니다.

▲「고봉집」

이 내용으로 기대승의 정치이념을 들여다 볼 수 있다. 그는 유교주의적 민본정치 내지 왕도정치를 정치적 이상으로 삼았다. 세부적으로는 군왕은 완전한 인격체이어야 하고, 백성의 마음을 살펴 정치에 반영하여야 하며, 군왕의 통치권을 대신들에게 나누어서 권력을 분산시켜야 한다는 것이다. 한마디로 국왕에게만 의존하는 전제주의 정치를 배격하고자 했다. 이처럼 그는 경연을 통해 왕 앞에서 자신의 정치적 견해와 신념을 거리낌 없이 밝혀 좀더 나은 세상을 열고자 했다. 이 『논사록』은 정조가 탐독한 책으로 유명한데 곧 기대승 선생은 후대 임금들의 정신적 멘토가 되었던 것이다.

고봉의 제자들로는 정운룡鄭雲龍·고경명高敬命·최경회崔慶會·최시망崔時望 등이 있다. 고경명과 최경회는 전쟁과 혼란 속 시대의 부름에 기꺼이 자신을 던지며, 조선의 역사를 온몸으로 써나갔다.

그는 광주의 월봉서원月峰書院에 배향됐으며, 시호는 문헌文憲이다. 월봉서원은 고봉선생 사후 7년(1578년), 호남유생들이 지금의 광주광역시 광산구 신룡동인 낙암 아래에 '망천사'라는 사당을 세우면서 시작된다.

하지만 임진왜란 때 피해를 입어 광산구 산월동인 동천으로 옮겼으며, 1654년에 효종이 '월봉'이라 사액하면서 사우와 동재, 서재, 강당 등을 갖추게 되었다.

1671년에 송시열宋時烈 등의 건의로 인근의 덕산사德山祠에 모셔져 있던 박상朴祥과 박순朴淳을 이향移享하였으며, 1673년에 김장생金長生과 김집金集을 추가 배향하였다.

그 후 월봉서원은 1868년 대원군의 서원철폐령으로 훼철毁撤되었는데 1941년에 현재 위치인 광산구 광산동에 빙월당을, 1978년에 사당과 장판각·내삼문·외삼문 등을 건립해 현재의 모습을 갖추게 되었다.

광주에서 임곡역을 지나 황룡강변길을 따라 약 3~4km를 가면 우측에 광곡 마을이 있는데 그 마을 뒤편 백우산 아래에 월봉서원이 고즈넉이 자리하고 있다. 큰 사찰처럼

▲ 월봉서원 숭덕사

드넓게 펼쳐진 서원의 모습이 당당하다. 서원의 왼쪽 언덕배기에 '월봉동산'을 만들어 놓았다. 월봉동산에서 백우정이라는 정자에 앉아 있노라면 서원은 지붕만 살짝 드러나 보여 계곡에 잠들어 있는 듯이 보인다. 또한 언덕 아래 마을은 벚나무·배롱나무·소나무 등 고목들 속에 묻혀있어 별천지에 머문 느낌이다. 마을 전체가 흙담에 기와지붕의 한옥 마을로 편안한 기운이 가득해 이사 와서 살고 싶은 마음도 간절했다.

또한 이 백우산과 황룡강 주변으로 '황룡강누리길'과 '철학자의 길'이 만들어져 있다. 가벼운 산책로라 할 수 없고, 등산로라 생각하고 걸어야 하는 길이다. 서원 내 빙월당은 굳게 잠겨 박상 선생의 위패가 모셔져 있는지 볼 수 없었고, 기대승 선생의 위패도 볼 수 없었다. 원칙적으로 제사 때에만 서원을 완전히 개방하는 모습인데 상당히 아쉽다. 스테인리스 현판에 제작된 안내문도 비바람에 글이 훼손되어 보기가 민망하다.

하지만 이곳 서원에서는 매년 10월에서 12월 사이에 '월봉

▲ 고봉묘소 앞 비문

▲ 고봉 기대승의 묘

축제'를 열어 음악회 등 행사를 하고 있다 하니 다행이다. 서원에서 광주로 돌아오는 벌판엔 시원한 황룡강변길과 아름다운 메타세콰이어 길이 있어서 마음이 어지러울 땐 더욱 다시 찾고 싶어진다.

14. 송강 정철의 가사문학

서울 출생인 송강 정철(1536~1593)은 15세에 나주 목사를 지낸 사촌 김윤제의 문하에서 환벽당에 머물며 공부하게 되었다. 그 이듬해 16세에 김윤제의 사위인 유강항柳强項의 딸과 결혼해 4남 2녀의 자녀를 둔다.

이곳에서 그는 임억령에게서 시를, 김인후·기대승·양응정 등에게서 학문을, 송순으로부터 국문 가사 歌辭를 배웠으며, 이이·성혼·송익필 등과도 교유한다. 그는 어떤 글이라도 세 번을 읽으면 바로 암송하여 사람들을 놀라게 할 정도로 천재였다.

할아버지 묘소가 창평에 있기도 한 정철은 이렇게 약 10여 년간 담양에 머물며 25세 때에 「성산별곡」을 짓고 27세에 과거에 장원급제한다.

▲ 송강 정철

송강은 명종 대에 조정에 나아갔는데 명종의 뒤를 이어 1568년 선조가 등극한다. 그는 청렴하였으며 업무에 임하여서는 눈치 보는 일이 없이 냉정하게 처리했다. 그러면서도 술을 좋아한 애주가였다. 대낮에도 만취해 사모가 늘 한쪽으로 기울어져있을 정도여서 술로 인해 관료사회에서 입에 오르내렸다. 선조가 이런 정철을 걱정해 작은 은잔을 내리며 '하루에 이 잔으로 한 잔씩만 마시라.'고 명하자 술잔을 사발만큼 늘려서 마시기도 했다.

정철이 정계에 나선 지 14년째요, 선조가 즉위한 지 8년 만에 조정은 동인과 서인으로 나뉘었다.

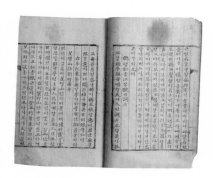
▲「성산별곡」

동인은 대체로 퇴계 이황과 남명南冥 조식(曹植, 1501~1572)의 문인으로 초당草堂 허엽(許曄, 1517~1580)을 영수로 내세운 인사들로 주리론자들이었다. 서인은 허엽과 대립하던 박순을 중심으로 율곡 이이와 우계 성혼·송강 정철·중봉 조헌·오음 윤두수·명곡 이산보·구봉 송익필 등이 모여 '주기론'을 펼쳤다.

그런데 같은 서인 중 정철과 이이는 동갑내기로 막역한 친구사이였다. 하지만 율곡은 성품이 부드러워서 당파 간 중재를 통해 정쟁을 극복하려 노력했다. 하지만 정철은 직선적인 성품으로 이이에게 불만을 품고 관직을 내려놓고서 담양으로 내려가 버린다.

얼마 지나지 않아 1578년(선조 11)에 정철은 조정에 복귀해 동부승지, 춘추관 수찬관 등 내직을 거쳐 1580년에 강원도 관찰사로 나아간다. 그는 그곳에서 「관동별곡」을 지어 가사문학 명작을 남긴다. 「관동별곡」은 담양 창평에 머물던 송강이 금강산과 강원도 명승지들을 여행하며 쓴 시이자 기행문이다. 1년 뒤 그는 전라감사로 나갔다가 도승지·예조참판·함경도 감사·예조판서·대사헌을 역임했다.

1584년에 이이가 죽자 동인과 서인의 대립이 심화됐다. 정철은 1585년에 파당 정국에 대한 책임을 지고 탄핵받아 담양으로 내려가 4년여를 머문다. 그는 지금의 송강정松江亭 터에 '죽록정竹綠亭'이라는 초옥을 지어 은거했다. 지금은 그 앞에 증암천이 흐르고 있는데, 당시에는 송강松江 또는 죽록천竹綠川이라 불려 정철의 호號도 여기에서 유래했다. 이런 연유로 지금도 송강정에는 '송강정'과 '죽록정' 현판이 함께 걸려있다.

지금의 송강정은 1770년 후손들이 중건한 것이다. 송강은 여기에서 가사문학작품 「사미인곡思美人曲」과 「속미인곡續美人曲」을 지었다.

그는 25세 때 지은 「성산별곡」과 45세에 지은 「관동별곡」 그리고 49세에 이 두 가사문학작품을 통해 정치인 정철보다 문장가로서 후대에 이름을 남겼다. 한문학이 주류를 이루던 시대에 우리말의 아름다움을 살려 한글가사들을 남겼으니 그가 없는 국문학사는 생각할 수 없다.

약 100년 뒤의 사람인 『구운몽』의 저자 서포西浦 김만중(金萬重, 1637~1692)은 「관동별곡」·「사미인곡」·「속사미인곡」을 두고 "조선에서 참된 문장은 오직 이 세 편뿐이다."라고 평했을 정도다. 그런데 이 두 「미인곡美人曲」을 살펴보면, 미인은 선조를 가리킨다. 선조에게 자신이 충성스런 신하임을 호소하며 정계복귀를 기다리는 '희망가'였던 것이다. 그의 희망은 같이 낙향한 처지인 엉뚱한 사람에 의해서 실현되었다.

정철의 정계 복귀를 도운 인물은 전주 사람 정여립(鄭汝立, 1546~1589)이었다. 이이 사후 조정은 점차 동인에 의해 장악되고 있었다. 정여립은 본래 서인으로 이이와 성혼에게 배웠으나, 이이가 죽자 홍문관의 정6품 수찬에 올랐다. 그후, 당시 집권 세력이던 동인편에 들어가 돌아가신 스승 이이와 성혼, 박순을 비판한다. 이를 선조가 듣고서 그를 매우 불쾌히 여겨 관직을 주지 않았고 서인의 미움이 집중되는 처지에 이르러 정여립은 스스로 낙향해버린다.

정여립은 낙향한 정철이 송강정에서 술잔을 기울이고 있는 것을 보면서 '한심한 인간'이라며 비난하기도 했다 한다. 결국 이이 사후에 서인 정철은 담양 창평으로, 동인 정여립은 전북 진안으로 낙향했는데, 정여립은 진안 죽도에 서실을 지어놓고 대동계大同契를 조직해 매달 모임을 갖는 등 세를 확장해 나갔다.

대동계는 '대동사상大同思想'을 표방했다. 이는 '같이 더불어 사는 세상, 모두가 잘 사는 세상'을 말하는 것이다.

대동세상은 유교사회의 '이상향'이었다. 정여립은 "천하는 공물公物인데 어찌 일정한 주인이 있으랴? 어찌 임금 한 사람이 주인이 될 수 있는가? 인민에게 해가 되는 임금은 죽여도 괜찮고, 올바름을 실행하기에 부족한 지아비는 떠나도 괜찮다."라고 주장했다. 이는 맹자의 영향을 받은 것으로 당시로서는 급진적이었다.

사실 조선을 유교국가로 만든 정도전과 조광조 역시 사상의 바탕은 정여립과 닿아있다. 이 때문에 그들은 목숨을 잃었다. 단재丹齋

▲ 송강 시비, 송강정

▲ 송강정

신채호(申采浩, 1880~1936)는 "정여립은 조선의 위인이 아니라 동양의 위인이며, 동양 최초의 공화주의자共和主義者다."라고 그를 평가했다. 오늘날 전주에서는 '정여립로'를 만들어 그를 기억하고 있다.

정여립의 대동계는 신분에 얽매이지 않고 서얼과 승려, 노비들에게까지도 가입을 허가했다. 보름마다 한 번씩 무술훈련을 하는 등 호남을 중심으로 세를 확장해 황해도까지 진출했다. 하지만 1589년에 역모를 꾸미고 있다는 황해도 관찰사의 고변이 임금에게 전해지고 만다. 이 때문에 정여립은 죽도로 피신하였다가 자살하고 말았다. 실제 모반이 일어나지도 않았음에도 그의 갑작스런 죽음으로 역모는 사실로 굳어져 버린다.

정여립의 모반을 내용으로 한 장계를 받은 선조는 서인 정철을 불러 동인 정여립의 역모사건을 조사하게 하며, 이 사건의 최고 처결자인 위관委官을 맡겼다. 선조는 내심 이 사건을 빌미로 세력을 키워가던 동인 세력을 견제하려 했다. 정철은 이 옥사를 3년여에 걸쳐 주도하여 수많은 선비들을 죽이거나 귀양 보냈다. 혹자는 정철의 역할보다는 선조의 '딴 마음'에 정철이 휘둘렸다 평가하기도 했다.

동인들은 정철을 가르켜 '동인백정'이라 부르기까지 했다. 이 '기축옥사(己丑獄事, 1589~1591)'로 동인의 이발을 비롯해 약 1천 명이 죽거나 귀양 갔다. 이는 조선시대 4대 사화士禍인 무오사화(1498년, 연산군 4), 갑자사화(1504년, 연산군 10), 기묘사화(1519년, 중종 14), 을사사화(1545년, 명종 1)에서 희생된 총 500여 명의 두 배가 넘는 수였다. 조선 최대의 정치 참사였다. 이로 인한 폐해는 말할 수 없었다. 많은

▲ 송강 정철 청화백자 묘지, 조선, 26.5X18cm, 국립중앙박물관

선비들이 죽은 탓에 기축옥사가 끝난 이듬해 임진왜란이 발생하자 난국을 헤쳐 나갈 인력이 크게 부족했다.

또한, 상당수가 호남지역 인사들이 피해를 입은 탓에 동인은 물론 호남의 인재들이 거의 전멸하다시피 한다. 나아가 이때의 전라도를 반역의 땅이라 지목하여 인재등용을 막아 버렸다. 이런 것들이 복합적으로 작용해 이후 호남의 인재층이 근본적으로 얇어졌을 뿐더러 학맥이 끊기고, 호남 인사들이 정계에 나아가고자 하는 의욕도 상실되어 과거급제자가 없어지다시피 하게 되었다. 정철이 그를 있게 한 정치·사회적 배경이던 전라도를 파멸로 몰고 간 것이다.

정철도 기축옥사가 끝난 그해에 광해군을 세자로 추대하였다가 선조의 노여움을 사서 유배당한다. 임진왜란이 발발하자 복귀하였으나 전쟁이 잠시 소강상태에 들어갈 때인 1593년에 동인들의 공격이 재개되어 스스로 강화도로 떠나 칩거했다. 그리고 전쟁 중인 그해에 58세로 외롭고 쓸쓸하게 생을 마감한다.

이때 정철의 죄를 묻는 과정에서 사형이냐 유배냐를 두고 싸웠는데 동인이 북인과 남인으로 갈리는 한 원인이 되었다. 그의 몸은 경기도 고양시에 묻혔다가 우암 송시열 (1607~1689)에 의해 충북 진천에 이장되었다. 그곳에 위패를 모신 사당 '정송강사鄭松 江祠'가 있고 함께 유물관이 있다.

그의 사당은 진천에 있지만, 그가 지내던 정자는 담양에 있다. 광주와 담양을 이어주는 국도변인 담양군 봉산면 유산교 근처에 송강정이 있다. 정자에 세워진 '사미인곡 시비

▲ 가사문학관

詩碑'를 보고 있노라면 기축옥사가 바로 떠오르는 것은 나만의 생각일까? 정자 주위는 새소리 가득하나 담양과 광주를 오가는 차량들의 소음이 더욱 요란하다. 그는 죽어서도 시끄러운 세상의 한복판에 서 있는 것 같다.

15. 의병장이 된 고경명

나 고경명은 진실된 마음뿐인 노인이며 백발의 보잘 것 없는 선비지만, 한밤중에 닭소리를 듣고 많은 고난을 견딜 수 없어 중류의 노를 쳐서 홀로 충성을 스스로 다짐하였다. 이는 한갓 견마가 주인을 그리워하는 정성을 품었을 뿐이요, 모기가 태산을 짊어지는 미약한 힘임을 잘 알고 있다. 이에 의병을 규합해 곧장 서울로 향할 것이니 옷소매를 걷어붙이고 단상에 올라 눈물을 뿌리며, 군중에게 맹세하는도다. 곰을 잡고 범을 넘어뜨릴 장사들이 천둥 울리고 바람이 휘몰아치는 듯하고 수레를 뛰어넘고 관문을 뛰어넘을 무리들이 구름처럼 모이고 비처럼 모이니 이는 절대로 강박해서 응하거나 억지로 나온 것이 아니라 오직 신하로서의

▲ 고경명

충성된 마음과 지극정성스런 마음이 함께 나온 것이다. 위급존망의 날에 이르렀으니 감히 하찮은 몸을 아끼겠는가. 처음부터 '의병'이라 칭한 이상 직분에도 매이지 않을 것이며, 병졸은 곧은 것으로서 장렬함을 삼았으니 강약을 따질 것도 없다. 대소인원의 모의를 하지 않고도 뜻이 같았으며, 원근의 온 백성들은 소문을 듣고 일제히 분발하였다.

▲ 고제봉수서의격초, 16.8X28cm, 포충사

아! 우리 열읍 수령, 각 곳의 사민士民들아! 충심이 어찌 임금을 잊을 것이며 의리상 마땅히 나라를 위해 죽는 것이니, 혹은 무기를 빌려 주고 혹은 군량을 도우며, 혹은 말을 달려 전장에서 앞장서고, 혹은 분연히 쟁기를 던지고 밭두둑에서 일어나라. 제 힘이 미치는 데까지 오직 의로 돌아가서 능히 임금을 위해 난을 막는 자가 있다면 그와 더불어 행동하기를 원한다.

-『제봉선생집』권7, 정기록, 마상격문

1592년 4월 13일에 임진왜란이 발발하자 고경명은 6월 11일 의병 6,000명과 함께 서울을 향하여 출발했다. 북상하던 중 전주에 이르렀을 때 임진강에서 관군이 왜군에게 패했다는 소식을 듣고 추가 의병을 모집하고자 6월 24일에 각 도의 수령과 백성, 군인들에게 말을 탄 채로 격문을 작성했다. 「마상격문馬上檄文」이었다.

고경명은 1533년에 지금의 광주 남구 압보촌(압촌동)에서 출생했다. 본관은 장흥이고, 호는 그가 태어난 산 이름을 따 '제봉霽峰'이라 했으며, '태헌苔軒·태사苔槎'라고도 했다. 지금의 광주광역시 압촌동과 원산동이 제봉산 아래에 나란히 붙어 있는데 원산동에 고경명 선생의 사당인 포충사褒忠祠가 있다.

고경명은 26세에 장원급제 후 벼슬에 나아갔다가 31세 되던 1563년(명종 18)에 척신 이량의 인척인 이유로 좌천되자 5년간의 짧은 관직생활을 접고 고향으로 내려왔다. 그는 고향에 머물며 독서로 시간을 보냈다. 이때 식영정을 중심으로 임억령·김성원·정철 등 문인들과 교류한다.

그러다 1581년(선조 14)에 영암군수로 임명되었고, 1591년엔 동래부사가 되었으나 선조의 세자 책봉문제로 정철 등 서인이 실각하자 정철이 등용되는 데 일조했다는 죄로 파직되어 약 10년 만에 다시 고향으로 돌아왔다. 1592년 4월 13일에 임진왜란이 일어나자 보름도 채 지나지 않은 4월 30일에 선조는 도성을 버리고 피난을 가게 된다.

▲ 포충사

이 소식을 들은 60세의 고경명은 5월 29일에 담양 추성관에서 박광옥, 유팽로, 양대박, 안영 등과 함께 의병을 일으킬 것을 도모했다. 이 모임을 '담양 추성관 회맹'이라 한다. 당시 나주의 김천일, 영남의 곽재우와 정인홍, 호서의 조헌과 함께 가장 먼저 의병을 일으킨 것이다. 이 회맹에는 고경명·고종후·고인후 부자, 고경명의 조카 고성후, 사위인 노석령, 박회 등이 참여했다. 또한 옥과의 유팽로를 비롯해 21개 읍 61명의 사림과 유생들도 함께 참석했다.

당초 고경명과 같이 참여한 박광옥은 병 때문에 향리에 머물면서 양곡과 군기조달의 임무를 맡기로 하고 그 대신 육촌 아우 박광조와 조카 박윤협 등이 의병에 직접 나섰다. 이 날 고경명은 맹주로 추대되었고 유팽로·안영·양대박을 종사관으로 삼고, 최상중·양사형·양희적이 군량을 조달하는 역할을 맡았다.

임진왜란이 발발한 지 3개월째인 7월 10일 금산에서 고경명과 둘째 아들 인후·유팽로·안영·김덕홍 등이 왜적과 맞서 싸우다 순절한다. 맏아들 종후는 이들을 장사 지낸 후 곧바로 '복수 의병장'이라 자칭하며, 다시 거병해 1593년 6월에 경상도 진주성 2차 전투에

▲ 회재 박광옥 선생을 모신 벽진서원

▲ 의병장 최경회를 모신 충의사忠毅詞

▲ 화순 충의사 내의 논개를 모신 의암영각義巖影閣

참가해 나주출신 김천일, 화순출신 최경회, 남원출신 황진과 함께 남강에 몸을 던져 순절한다.

당시 권율과 곽재우는 왜구에 비해 힘이 중과부적이라며 후일을 도모하며 철수했다. 하지만 김천일 등은 진주를 버리면 그 화가 호남에 미칠 것이라며 성을 끝까지 사수할 것을 주장했다. 당시 왜군은 9만 3천 명이었고, 진주성내의 조선군의 세는 수천에 불과했다.

당시 진주성 싸움은 명나라 군대가 임진왜란에 참전하자 전세가 불리해질 것을 염려해 강화협상을 염두에 둔 왜적의 총공세적 무력시위 성격의 싸움이었다. 더불어 침략 첫 해에 가장 큰 패배를 당했던 왜적의 제1차 진주성 전투에 대한 보복 성격도 가지고 있었다. 임란 첫해 치러진 1차 진주성 전투에서 왜병은 김시민과 진주 백성들에 의해 3만 명 중 1만여 명이 죽어 전쟁 중 최대의 피해를 입었다. 왜구는 복수와 설욕의 기회를 잡고자 했다. 왜구는 김시민 장군이 이미 전사한 줄을 모르고 있었다. 당시 진주목사는 서예원이었고, 그의 목을 김시민 장군으로 여기고 도요토미 히데요시에게 바쳤다고 한다.

당시 국내에 들어온 왜군의 수는 10여만 명인데 그 중 대부분을 총동원하여 진주성 한 곳을 집중공격한 모양새였다. 6월 21일부터 6월 29일까지 9일 간의 전투 끝에 6, 7만여 명의 진주 군민軍民이 거의 몰살되었고 이 싸움에서 김천일, 최경회, 황진 등이 순절하였다. 그 다음날 최경회의 후처였던 논개가 진주성 승리를 자축하는 일본군 연회에 참석해 왜장을 껴안고 촉석루에서 남강에 뛰어들어 그를 죽였다.

진주성 싸움은 7년간의 임진왜란에서 가장 처절했던 전투였다. 왜군도 2만여 명이 죽자 호남진출을 포기하고 남해안으로 철수해 왜성을 쌓고 2, 3년을 머물며 대치하였다. 제2차 진주성 전투가 끝난 직후인 1593년 7월 16일에 이순신李舜臣장군은 사헌부 지평 현덕승玄德 升에게 보낸 편지에서 '호남은 국가의 보장이니 만약 호남이 없으면 곧 국가도 없다湖南國家之保障 若無 湖南是無國家.'라는 말을 남겼다. 임진왜란 극복의 가장 큰 공은 남도사람들에게 있었다는 말이다.

또한 적과 중과부적인 상황에서도 끝까지 포기하지 않고 죽음으로써 아버지와 동생의 죽음을 설욕하고자 했던 고종후, 호남을 지키려 했던 의병장 김천일, 최경회, 황진 그리고 논개의 의로운 정신을 이 세상 어디에서 찾아볼 것인가?

그로부터 300여 년이 흐른 1905년 11월 17일 러일전쟁에서 승리한 일제는 조선의 자주권과 국권을 앗아가는 을사늑약을 체결했다. 이에 고경명의 12대손이자 고인후의 11대 종손인 녹천 고광순은 1907년 1월 24일 담양군 창평면 전주 이씨 제각에서 500여 명의 의진을 결성해 창평, 화순, 능주, 동복, 남원 등지에서 의병활동을 시작했다.

1907년 9월 1일 새벽 지리산 연곡사에 머물던 고광순의 의병부대는 일본군에 포위 되었고, 불타오르는 연곡사와 함께 모두 순절하였다. 연곡사 곳곳에 이들의 시체와 말들이 흩어져 있었다. 매천梅泉 황현(黃玹, 1855~1910)이 찾아 시체를 수습하고 곡을 했다. 얼마 전 녹천鹿川 고광순(高光洵, 1848~1907)은 구례 광의면에 사는 매천에게 격문을 지어달라고 부탁한 적이 있었다. 무덤 앞에서 매천은 시를 지어 이들의 죽음을 추모했다.

연곡의 수많은 봉우리 울창하기 그지없네.
나라 위해 한평생 숨어 싸우다 목숨을 바쳤구나.
전마戰馬는 흩어져 논두렁에 누워 있고
까마귀 떼만이 나무 그늘에 날아와 앉는구나.
나같이 글만 아는 선비 무엇에 쓸 것인가.
이름난 가문의 명성 따를 길 없네.
홀로 가을바람西風을 향해 뜨거운 눈물 흘리니
새 무덤이 노란 국화 옆에 우뚝 솟았네.

매천은 1910년 음 7월 25일에 '한일병합'이 이루어졌음을 8월 3일에 전해 듣고서 "국가에서 선비를 길러온 지 5백 년이 되었는데, 나라가 망하는 날에 한 사람도 죽는 자가 없어서야 되겠는가."라며 유언을 남기고 8월 5일에 순국했다. 여기서 선비라는 말은 국가사회에 책임이 있다고 생각하는 지식인을 말한 것이리라.

1592년 7월 10일 금산전투에서 고경명이 순절한 후 8월 18일에 다시 금산에서는 의병장 조헌과 의병 700명이 순절하였다. 이들의 유해를 함께 모신 곳이 칠백의총이다.

그 후 1603년(선조 36)에 '중봉 조헌선생 일군순의비'를 세우고 1647년(인조 25)에는 사당을 건립하여 칠백의사의 위패를 모셨다. 1663년(현종 4)에 '종용사'라는 사액과 토지를 내렸으며 대대로 제사를 받들어 왔다.

종용사에는 칠백의사 이외에 금산 싸움에서 순절한 고경명을 비롯해 함께 참여했던 의병들의 위패도 함께 모시고 제향해 왔었다. 하지만 일제강점기에 일제는 종용사를 헐고, 금산 경찰서장 이시까와 미찌오가 고경명의 순의비를 파괴했다. 이를 안타깝게 여긴 인근 주민들이 뒷산에 묻어 두었다가 해방 후에 다시 세웠다.

고경명이 전사한 곳의 건너편 산기슭에 순절비가 세워져 있다. 효종 때 금산군수 여필관이 비문을 지어 세웠는데, 역시 1940년 일제의 만행으로 파괴되었다가 광복 후 재건되었다. 광복 직후에 광주 사람들은 거리에 '제봉로'를 두어 그를 기억하고 있다.

장흥 고씨 사람들은 임진왜란과 구한말에 의병을 일으켰던 정신을 '제봉 정신'에서 꼽는다. 바로 제봉이 후손들에게 남긴 '세독충정世篤忠貞(가족들은 돈독히 살고 나라에 충성을 하라.)'이다. 고경명의 사후 선조는 1601년에 포충사를 세워 그를 기렸다. 포충사에는 고경명의 두 아들 고종후, 고인후와 유팽로, 안영 등 5인도 함께 모셔져 있다.

포충사는 사액사당으로 구한말 흥선대원군이 서원철폐령을 내렸을 때 장성의

▲ 『제봉집』

▲ 세독충정

필암서원과 함께 훼손되지 않은 전라도 지방의 2개 서원의 하나로 남아 있다가 일제강점기 때 일제에 의해 폐사되었다. 그러다 광복 후 지역 인사들이 뜻을 모아 다시 세웠고, 그 뒤인 1978년에 보수하는 한편, 새로운 사당 건립 공사를 시작해 1980년 새로운 사당이 준공되었다.

포충사 경내와 주변에는 청정한 소나무와 배롱나무로 둘러싸여있다. 하지만 경내의 안내문들은 낡고 해져 글을 알아보기 힘들 정도로 볼썽사나웠다. 야외에 세워져 비바람에 금방 낡게 될 텐데 1년에 한 번씩은 무조건 교체하든가 풍수해에 강한 현판을 만들어 놓았으면 좋겠다.

그래도 사당의 문을 활짝 열어서 초상과 위패들을 볼 수 있도록 한 것은 다행이라 여겨졌다. 최경회 장군을 모신 사당인 화순의 충의사忠毅祠 역시 일부 시설물이 낡아 있어서 사람들로부터 마음에서 멀어져 있음을 느껴 안타까움을 금할 수 없었다.

▲ 옥천에 자리한 고경명의 순의비

16. 26세 의병장 김덕령

▲ 김덕령

임진왜란이 발발하자마자 김덕령과 그의 형 김덕홍이 고경명의 격문을 받고 의병에 참여했다. 그러나 덕홍이 덕령에게 나이 든 홀어머니의 봉양을 부탁하자 덕령은 마지못해 돌아온다. 그 후 고경명과 그의 아들 고종후·고인후, 김덕령의 형 김덕홍, 김천일·최경회·황진·조헌·영규대사 등 의병장들이 1592년 7월 10일의 금산전투로 모두 순절했다.

1593년 1월에 명군이 조선으로 원병오고, 8월에 명나라의 주도로 왜병과의 긴 휴전 제의가 시작되었다. 그해 8월에 김덕령은 모친상을 당한다. 상을 치른 지 2개월째인 10월 27일 담양부사 이경린과 장성현감 이귀가 전라도 관찰사

이정암에게 26세인 김덕령을 의병장으로 추천한다. 또한 담양에 사는 김덕령의 자형 청계淸溪 김응회(金應會, 1555~1597)와 해광 송제민이 덕령에게 의병을 일으킬 것을 역시 권했다.

이에 김덕령은 11월에 먹물들인 상복을 입고 전라도 내 여러 고을에 격문을 보내 수천의 사람들을 모았다. 임진왜란이 나자마자 일어섰던 그의 형 덕홍은 물론 수많은 의병들과 백성들의 희생에 대한 복수와 함께 호남땅을 지키고 나라를 구하고자 2차 의병을 주도한 것이다.

12월 13일에 전라도 관찰사 이정암(李廷馣, 1541~1600)이 김덕령을 의병장으로 발탁

204

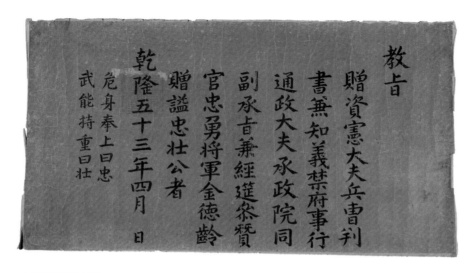

▲ 김덕령 장군 교지

하는 장계를 올리고, 장계를 받은 분조分朝의 세자 광해군이 12월 22일에 김덕령을 불러 만나본 후 12월 25일에 '익호장군'이란 군호를 내린다.

　이어서 12월 30일에 선조는 '충용군'이란 호칭을 주고, 며칠 후 1594년 1월 5일에 충용장이란 명칭으로 군대를 통솔하게 한다. 바로 다음 날 1월 6일에 김덕령은 노문(행군하는 노정표를 출발에 앞서 각 관청에 보내는 공문)을 발표하고, 영남의 여러 고을에 격문을 전하여 출병 시기를 알린다. 노문은 담양·순창·남원·운봉·함양·산음·단성·삼가·의령·함안·창원·김해·동래·부산을 거쳐 바다 건너 왜의 쓰시마를 비롯해 왜 본토의 오사카까지 징벌하겠다고 선포했다. 그는 아예 일본에 가서 도요토미 히데요시를 죽이고자 마음먹은 것이다. 허나 당시 정황은 명군과 왜병이 휴전협상을 진행하며 전쟁은 교착상태인 시기여서 김덕령의 임무는 남해안에 왜성을 쌓고 웅크리고 있는 왜적으로부터 경상우도와 전라도를 방어하는 것이었다.

　임진왜란 3년째인 1594년 1월 22일 김덕령은 담양을 출발한다. 처음으로 진해·고성의 경계에서 왜적을 방어하는 임무를 수행하며 고성·창원지방에서 접전을 벌여 왜를 물리쳤다. 4월 12일에 2차례에 걸쳐 격전을 벌인 진주로 들어간다. 이때 의병과 관군의 손발이 맞지 않거나 대립이 많아 전쟁에 혼선을 빚자 선조는 특명으로 전국의 의병을 김덕령에게

귀속시키고 지휘케 했다. 이로써 김덕령은 전국 의병의 총수가 되었다. 이때 그의 나이 27세였다.

진주에 들어선 그는 시급한 군량조달을 위해 둔전을 설치하고 방어를 위해 월아산에 목책성을 세우는 한편 왜군에게 포로가 된 백성들을 구한다. 9월부터 10월에는 정전 상태임에도 불구하고 제찰사 윤두수에 의해 주도된 거제 장문포해전에 곽재우·이순신·원균 등과 함께 참전했으나 왜군이 싸움을 피하여 별다른 성과 없이 끝났다.

1595년 2월에는 군량미가 부족하고 오랫동안 군사들이 헐벗은 상태에 있음을 토로하는 상소를 올린다. 이에 비변사는 일찍이 해오던 대로 전라도의 광주·담양·장성에서 의병들의 군량과 군기를 전적으로 담당케 하자고 건의하자 선조는 이를 받아들였다. 이처럼 호남 지역민들이 김덕령의 의병들에게 물심양면으로 지원했던 것이다.

그러나 의병을 일으킨 지 3년째에 젊은 의병장의 운명을 가르게 되는 사건이 발생한다. 1596년 7월 6일에 이몽학이 전쟁으로 고통 받는 백성들의 민심을 이용해 충청도 홍산(지금의 부여)에서 반란을 일으킨다. 그들은 반란을 선동하며 "5도가 같은 날에 군사를 일으켜 한성에 쳐들어가는데, 의병장 김덕령과 곽재우도 군사를 일으켜 도와주기로 했으며, 병조판서 이덕형, 영천군수 홍계남 등 각도의 병사와 어사들이 호응하고 있다."는 유언비어를 퍼트리며 사람들과 민심을 모았다.

이몽학의 반란군은 충청도 일대 관아를 거의 점령했다. 이에 조정은 이몽학의 목을 베는 자는 반란에 가담하였다 하더라도 큰 상을 내리겠다고 하자 반란군 중에서 다투어 이몽학의 목을 먼저 베려는 자가 속출했다. 결국 반란군 김경창 등에 의해 이몽학은 참수되었다.

이 와중에 7월 12일에 난을 진압하고자 도원수 권율이 진주에 있던 김덕령에게 군사를 거느리고 오게 하였다. 이에 7월 14일에 김덕령은 군사를 이끌고 함양을 거쳐 지금의 남원시 운봉에 이르렀다. 그러나 7월 17일에 난이 평정되었다고 하자 다시 진주 진중으로 돌아가게 된다.

그런데 그 다음 날 7월 18일에 권율의 지휘 하에 있는 충청도 순찰사의 종사관인 신경행이 김덕령 등이 이몽학의 난에 연루되었음을 꾸며 선조에게 서장書狀을 올렸다.

"김덕령에 대해 여러 차례 역적들이 언급한 것을 보면, 반드시 그 까닭이 있을 것입니다. 한편으로 도원수 및 전라도 순찰사에게 불시에 체포하여 조정의 처치를 기다리도록 이문移文하였습니다."라는 내용이었다.

선조가 동부승지 서성을 시켜 김덕령을 잡아 오도록 해 서성이 전주에 도착할 무렵 도원수 권율은 이미 김덕령을 잡아 진주옥에 가두어 두었다. 이때 서성이 선조에게 "김덕령은 나흘을 머뭇거리면서 성패만을 바라다보고 있었다."라고 또 잘못된 장계를 올렸다. 이 지경에 이르자 8월 2일에 서성이 김덕령을 한성으로 압송해 옥에 가두었다.

결국 8월 4일부터 선조의 친국이 시작된다. 김덕령과 곽재우를 천거하는 데 일조했던 당시 우의정 약포 정탁이 김덕령을 구원하는 상소문을 올렸다.

김덕령 옥사계 金德齡 獄事啓

행지중추부사行知中樞府事 신臣 정탁鄭琢은 엎드려 생각하옵건데, 김덕령金德齡의 옥사獄事는 신은 끝내 의심이 없을 수 없습니다. 왜냐하면 덕령에게 별로 근거할 만한 정적情迹이 없는데도, 다만 그 역적逆賊의 입에 오른 까닭으로 이로써 그가 반역을 꾀하였다고 의심하여 꼭 죽이고야 만다면 어떻게 온 나라 사람들의 의심을 풀어줄 수 있겠습니까?

…중략…

덕령은 이름이 가장 높았기 때문에 역적의 입에 이용당함이 더욱 많을 것이니, 이 때문에 꼭 역모逆謀에 참여하여 의심할 여지가 없다고 지적하여 말할 수 없을 것 같습니다. 대체 역적의 공초供招 내에, "호남湖南에 왕래하면서 서로 내통하였다."는 것도 조사해 봄에 대부분 사실이 아니었습니다. 매한가지로 이 적중賊中의 말이 과장된 말 아닌 것이 없으니, 절대로 이를 근거하여 확신할 수 없습니다.

…중략…

까닭 없이 한 명장名將을 죽인다면 다만 적국敵國의 비웃음과 업신여김만을 초치할 뿐, 난리를 평정하는 정사에는 아무 도움이 없을까 몹시 두렵습니다. 덕령이 참으로 역모逆謀가 있었다면 그 정적情跡이 반드시 드러나 절대로 끝내 은폐될 리가 없습니다. 신臣의 어리석은 생각으로는 우선 그대로 시일을 끌어 반드시 그 정적이 드러남을 기다린 뒤에야 그 죄를 성토하여 죽이는 것만 같지 못합니다. 그러면 법을 사용함이 구차스럽지 않아 죄인이 아무 말 없이 죽음에 나아갈 것이고, 나라 사람들의 의심도 또한 크게 풀어져 남쪽 변방의 장사壯士로서 힘을 펴는 사람들이, 거의 모두 스스로 안심하여 마침내 자면서 뒤척거리는 마음이 없을 터이니, 어찌 매우 다행스러운 일이 아니겠습니까.

풍암정에 가면 안방준의 시가 걸려 있다. 안방준은 의병장 김덕령의 동생이자 풍암정의 주인인 김덕보의 친구이다. 안방준은 임진왜란 후 전쟁사를 정리했는데 『삼원기사三寃記事』에서 당시의 상황에 대해 적고 있다.

충청병사 이시언과 경상우병사 김응서 등이 더욱 공을 시기하여 죽이려 했다. 때마침 이몽학의 난이 일어나자 이시언은 심복 10여 명을 나누어 보내 길에서 거짓말을 퍼트리게 하고, 공을 역당의 주모자로 지목하여 인심으로 하여금 의구심을 갖게 했다. 이시언은 또 조정의 사대부들에게 글을 보내 공에게 반역의 모습이 있다고 말했다.

당시 관군은 의병들에게 시기가 많았다. 관북에서는 의병장 정문부를 감사 윤탁연이 시기했고, 경상도에서는 홍의장군 곽재우의 전공을 감사 김수가 시기하여 서로 반목이 심했다. 충청도에서는 의병장 조헌에 대해 감사와 수령들이 협조하지 않았다.

수령들과 동등한 위치인 김덕령에 대해서도 관군 장수들이 견제와 시기가 끊임없이 이뤄졌다. 진주에 머물면서 김덕령은 경상우병사 김응서와 충청병사 이시언과는 불편했었다. 결국 평소 김덕령과 서운했던 이시언은 자신의 휘하에 있는 종사관 신경행으로 하여금 조정에 김덕령을 체포하라는 서장을 올리게 한 것이다.

충청병사 이시언은 이몽학의 난이 일어났을 때 반란군을 진압하러 나섰다가 두 번이나 패해버린 당사자로서 문책 받을 처지였으나 오히려 김덕령을 끌어들여 자신의 과오를 벗으려 했던 것이 이 사건의 한 원인이었다.

▲ 「춘산곡」 시비, 광주 사직공원

김덕령은 옥에서 「춘산곡春山曲」을 지어 억울하고 답답함 심정을 대신했다.

춘산에 불이 나니 미처 못다 핀 꽃들이 모두 불이 붙는구나
저 산의 저 불은 끌 수 있는 물이나 있지만
이 몸의 연기 없는 불은 끌 수 있는 물이 없구나

'춘산의 불'은 임진왜란을 비유한 것이리라. 1592년 음 4월에 임진왜란이 발발하였으니 그때 조선은 봄이 한창이었다. '못다 핀 꽃'은 전쟁으로 쓰러져간 꽃다운 청년들과 자신을 비유함이라. 마지막 장에서 자신의 억울함을 알아주고 도와줄 이가 없음을 한탄하고 있다.

김덕령은 8월 16일부터 8월 21일까지 6차에 걸쳐 매일 형문刑問을 당하다 마지막 날 옥중에서 사망하게 된다.

약 400년이 지난 1974년 11월 19일에 김덕령의 묘 이장을 하기 위해 파묘를 했을 때 살아 있는 모습처럼 잘 보존된 시신의 피 묻은 옷 속을 살펴보니 무릎과 정강이뼈가 으스러진 상태였다고 한다. 김덕령의 3살 아래 동생 김덕보는 죄 없는 형이 곧 걸어 나올 것으로 알고

기다리다가 난데없이 형의 죽음을 맞이한다. 무등산 배재마을까지 형의 시신을 운구해와 안장하는 동안 호남과 진주 사람들이 억울함에 통탄했을 것이다. 김덕령과 함께 했던 호남사람들 전체가 반역자가 돼버린 것이다.

김덕령이 옥사한 후 5개월쯤 지난 1597년에 왜가 재침하는 정유재란이 발생했다. 김덕령이 방어했던 진주는 싸움 한번 제대로 하지 못하고 무너졌고, 이로 인해 8월 16일 남원성이 함락되면서 호남은 왜군의 수중에 들어가 버린다.

왜군이 10여 만의 조선인의 코를 베어간 사건이 이때 발생하기도 했고 수많은 사람들을 일본으로 납치하고, 나중에 포르투갈에 노예로 팔아넘기기까지 했다. 심지어 포르투갈 상인들은 '떼돈' 좀 만져볼 작정으로 왜군이 주둔하는 남부지방에 노예매매선인 '인매선 人買船'을 보내 조선 사람을 '대량'확보하기도 했다.

급기야 김덕령의 부인 흥양 이씨도 1597년 9월 16일에 호남 내륙에까지 들어온 왜군에 쫓기다 담양 추월산 보리암 근처 낭떠러지에 떨어져 순절한다. 이날 남쪽 바다에서는 이순신 장군이 명량대첩을 승리로 이끈 날이기도 했으니 김덕령은 저 세상에서도 깊은 원한과 슬픔이 더했을 것이다.

한편, 이몽학의 난에 같이 연루 의혹을 받았으나 무죄로 풀려 난 의병장 홍의장군 곽재우(郭再祐, 1552~1617)는 김덕령의 죽음을 본 이후 은둔생활로 접어들어 세상에 나오지 않았다.

이 영향으로 임진왜란 이후 정유재란, 정묘호란, 병자호란 등에서 의병활동이 침체기를

▲ 김덕령 장군의 묘에서 출토된 관곽과 의복

맞게 된다. 심지어 이순신 장군도 선조 또는 기득권
세력으로부터 죽음을 맞이할 것이 분명하여 마지막
전장에서 적탄에 스스로 몸을 맡겨 자살을 택했다는
추측이 조선시대 때부터 나돌았다. 숙종 때 문신
이민서(1633~1688)가 대표적으로 그런 주장을 했다.

▲ 김덕령 장군 부인 순절비, 담양 추월산

이처럼 이 사건의 배경에 대해 여러 주장이 있다. 그
하나로 선조는 전쟁을 치르면서 서울을 버리고 피난에
급급했던 자신과 달리 '스스로' 일어나 나라를 구하고자
했던 의병이나 군부가 민심을 얻는 것을 두려워했다.
또한, 전쟁 후 군부의 힘이 커지는 것도 마땅치 않았다.
선조는 자신의 정치력을 앞세워 원군인 명군을
이용하여 남은 전쟁을 치르고, 자신의 입지를 강화하고자 했던 측면이 이 사건의 배경에
있었다는 주장이다.

또 하나는 안방준의 『삼원기사』에서 보듯이 전쟁 내내 관군 무관들과 의병들 간의 알력이
있었던 이 불화가 김덕령을 죽음으로 내몬 원인이 되었다고도 주장한다.

많은 사람들은 선조의 숨은 속내를 김덕령이 죽은 원인으로 보고 있다. 이는 선조의
언행을 보면 알 수 있다. 전쟁 후 공신을 책봉하면서 말하길 "이것은 호종했던 신하들이
충성스러웠던 덕분이니 어찌 다른 사람들이 한 일이겠는가. 또 힘껏 싸운 장사들에
대해서는 그 공을 기록하지 않을 수 없겠으나 우리나라 장졸에 있어서는 실제로 적을
물리친 공로가 없다." (『조선왕조실록』 선조 35)라고 하였다.

실제로 전쟁 후 선조 자신을 따르고 호위했던 신하들에게 주는 호성공신扈聖功臣에
86명을 책정하였다. 반면 실제 싸움터에서 전공을 세운 이들에게는 선무공신宣武功臣을
하사하며 18명만 책정했다. 김덕령, 곽재우 등 의병장들은 한 명도 포함되지 않았다.

아들 광해는 선조 대신 분조分朝를 이끌며 분전하였고, 이순신 장군은 수군을 이끌고
승리를 거듭하였으며, 의병장들 또한 백성들을 이끌고 있어서 선조는 왕권이 불안해졌다.
선조는 국가의 안위보다는 자신의 권위와 권력을 위해 수많은 무고한 이들을 죽이려 했고,

▲ 김덕령 장군의 묘

▲ 감덕령 장군 생가 터 사당

▲ 충효동정려비각

결국 김덕령 장군을 죽인 것이다. 현대사에도 자신의 권력 유지 또는 찬탈을 위해 무고한 국민들을 희생 삼은 일들이 벌어지곤 했는데 선조 역시 그러했던 것이다.

김덕령 사후 65년 만인 1661년에 와서야 현종은 그를 신원伸冤시켰고, 1788년 4월 6일에 정조는 '충장忠壯'이란 시호를 내렸다. "충장이란 뜻은 몸을 위태롭게 하여 임금을 받들었기에 '충'이라 하고, 무에 능하고 몸가짐이 진중하기에 '장'이라 했다."라고 의미를 설명했다.

그 말의 이면에는 반역자가 아니었다는 것을 강조한 것이 아니었을까 생각해 본다. 같은 해 11월 16일 정조가 김덕령·김덕홍의 고향 마을에 그들의 업적을 적은 비석을 세우게 하고 마음을 표시하라고 명했다. 그 비석 이름이 '증 병조판서 충장공 김덕령 정경부인 흥양이씨 충효지리贈兵曹判書忠壯公金德齡貞敬夫人 興陽李氏忠孝之里'이다. '이 비석은 김덕령 부부와 충효마을에 드립니다.'라는 의미다.

이때부터 김덕령의 생가 마을 석저촌은 '충효마을(충효동)'로 불리기 시작했다. 충효동 왕버들 앞에 세워진 '충효동정려비각'이 그것이다.

김덕령의 묘는 1974년 11월 19일에 이장돼 1975년 4월 27일에 충장사가 준공되었다. 매장 당시에 입었던 수의와 목관이 그대로 출토되어 충장사에 복제품이 보관·전시되어 있다.

김덕령은 원효대사 이후 무등산에 가장 많은 전설과 흔적을 남긴 인물이다. 충효마을 입구에는 정조가 내린 정려비각과 500년 된 왕버들군이 오늘도 푸르게 서 있다. 정려비각

▲ 충장사

안에는 정려를 내린 경위를 설명한 내력이 적혀있다. 왕버들군은 이곳 일대의 수려함과
무등산의 역사를 보여 주는 또 다른 풍경이다. 마을 위에 김덕령의 생가 터가 있는데 무등산
전체가 바로 바라다 보였다. 마을 안쪽으로 들어가면 샘터가 나오는데 환벽당에서 뛰놀던
어린 김덕령의 전설이 적혀있다.

　무등산 정상부로부터 충효마을에 이르는 계곡을 원효계곡이라 한다. 약 9km에 이른
계곡물은 광주호로 흐른다. 이 계곡 주변엔 원효대사의 이야기와 분청사기 이야기도
있지만 김덕령의 전설이 가득하다. 충효마을에서 충장사 쪽으로 오다가 좌측 갈래길에
있는 '무등산 분청사기 전시실'을 지나면 '풍암제'라는 저수지가 나오는데 여기서부터
3.5km의 '의병길'이라 명명된 길이 시작된다.

　풍암제에서 제철유적지까지의 길로써 2011년 8월 1일에 복원·조성 후 개방되었다. 이
길은 김덕령과 관련된 많은 이야기를 담고 있다. 풍암제 바로 위에는 '풍암정'이 있다.
김덕령이 반역의 죄목으로 옥사하자 동생 김덕보는 마음 둘 곳 없어하며 방황하다가 마을
과 가까운 이곳에 정자를 짓고 은거한 곳이다. 산속 깊이 남의 눈에 드러나지 않은 곳이어서
그의 슬픈 마음을 짐작할 수 있겠다.

산을 올라 지진관측소를 지나면 '치마바위'가 있다. 김덕령 장군의 누이도 힘이 천하장사였는데 바위를 치마폭에 싸서 가져다 놓았다는 전설이 있다. 바위는 수천 톤이나 될 만큼 크다.

원효계곡을 따라 좀 더 오르면 '사당소瀉塘沼'라는 연못이 있는데 김덕령의 의병들이 이곳에서 쇠를 얻어 무기를 만들며 열을 식혔던 곳이라 한다. 계곡길 끝에서 우측으로 오르면 제철유적지가 있다. 지금은 미미한 흔적으로 남아있지만 의병들이 창검을 만들었던 장소다. 100여m 더 오르면 이곳 주변이 검을 만들던 마을이었음을 바위에 새겨 놓은 '주검동鑄劍洞 유적'이 있다. 바위에는 '만력계사(1593년) 의병대장 김충장공 주검동萬曆癸巳 義兵大將 金忠壯公 鑄劍洞'이라고 새겨져 있다. 김덕령 장군 사후 1788년 정조로부터 '충장'이란 시호를 받았으므로 그 이후에 그를 기리기 위해 만든 것으로 보인다.

무등산 정상 세 봉우리 중 하나인 지왕봉 정상에는 김덕령 장군이 뛰어다니며 무술을 연마했다는 '뜀바위'가 있다. 의상봉에는 김덕령의 말발굽이 바위에 새겨졌다는 '비마족飛馬足 바위'가 있다고 한다. 산을 내려와 시내로 들어가 보면 북구 우산동에 '말바우 시장'이 있다. '말바우'는 김덕령 장군이 말을 훈련할 때 도착했던 곳으로, 말이 어찌나 힘껏 바위를 내디뎠던지 바위 위에 발굽 모양으로 움푹 팬 자국이 남게 되었다는 전설에서 비롯된 바위이다. 현재는 상가가 들어서면서 말바위는 사라지고 없다.

광주공원 광장에서 광주향교로 가는 공원길 우측에 '광주공원 비석군碑石群'이 있는데 여기에 1902년에 세워진 '도원수충장권공창의비都元帥忠莊權公倡義碑'가 있다. 임진왜란 당시 광주 목사, 전라도 순찰사, 도원수를 역임했고 김덕령 장군의 상관이었던 권율의 공을

▲ 사당소瀉塘沼

▲ 주검동 제철유적지

▲ 광주광역시 북구 충효동왕버들군, 천연기념물 제539호

기리는 비문이 새겨져 있다. 그와 함께 공을 세웠던 인물들도 새겨 넣었는데 김덕령 장군의 이름도 있다.

그러나 도원수 권율은 그의 부하 장수로 일했던 김덕령 장군이 이몽학의 난에 연루되었다는 의심을 사서 기소가 되었을 때에 전혀 그를 적극적으로 변호하지 않아 외롭게 하였으니 슬픔이 더할 뿐이다.

조선시대까지 무등산권에서 명성이 높은 수많은 학자, 의병, 정치인, 종교 지도자 등이 있었지만 김덕령 장군만큼 민중들로부터 애정을 받고 슬픔을 함께하고 있는 인물은 드물다고 본다. 민중들은 무등산에 수많은 김덕령의 전설을 만들어 자신들의 마음을 위로하고 있는 것이 아닐까?

광복 직후인 1947년 8월 15일에 일제강점기 '본정통'으로 불렸던 거리를 김덕령 장군의 시호를 따서 '충장로'로 이름 붙였다. 1989년에 광주외곽에 자리한 31사단의 부대명칭도 '충장부대'로 명명해 김덕령 장군을 기억하고 있다.

또 장군이 목책을 세워 주둔지로 삼았던 진주의 월아산에는 그의 전적비를 세워서 그 기억을 남기어 전하고 있다. 월아산 내 청곡사라는 고찰 입구의 주차장에 '충장공김덕령 장군전적비'라고 세워져 있는데 장군 사후 399년 째인 1994년에 광산 김씨 문중의 노력과 화재 이우섭 선생의 글로 건립되었다. 화재 이우섭 선생은 경남 김해 사람으로 율곡 이이로부터 이어진 영남의 기호학파의 마지막 유학자로서 거유巨儒로 불린다. 한편, 인터넷에서 진주시에 소재하는 공군교육사령부 병사들이 훈련과정 중에 이곳의 전적비를 참배하고 기념을 했다는 글과 함께 사진까지 올라와 있는 것을 보고 마음이 울컥했다. 또한 주차장 입구쪽에 청곡사와 월아산을 소개하는 안내문 구절 중에 '산 중턱에는

▲ 월아산 김덕령전적비

임진왜란 때 충용장군 김덕령이 왜적을 막기 위해 쌓은 목책성의 흔적이 남아 있다. 월아산은 진주성과 더불어 진주 사람들의 정신적 요람이자 기상의 상징으로서 국란기에는 우국충정의 국가관을 갖게 하고 단결케 하는 정신적 버팀목의 역할을 해 왔다.'라고 적어서 장군을 기억하고 있었다. 또한 월아산 두 봉우리 중 하나인 장군 대봉 정상에 있는 월아산 안내 문에는 '임진왜란 때 충장공 김덕령 장군이 목책성을 쌓고 왜적을 무찌르는 본영으로 삼았었다는 역사적 사실이 한 시대의 기록으로 묻히고 있어 안타깝기 그지 없다.'라고 적고 있었다. 소설 춘향전이나 홍길동전을 소재로 공간을 만들어 춘향과 홍길동을 기억하는 마당에 역사적 사실이 분명한 일에 대해서는 왜 복원의 공간을 마련할 성의가 없는 것인지 하소연하고 있음이 아닌가 생각한다. 이 밖에도 월아산에는 제무소터의 흔적, 김덕령이 죽자 아무것도 먹지 않고 죽었다는 '말무덤', 그 능선인 '말뫼등' 등이 있다고 한다.

17. 풍암정에 눈물을 담은 김덕보

큰형 김덕홍의 죽음과 둘째형 김덕령의 옥사를 지켜보며 가슴 졸이다 피눈물도 말라버린 김덕보는 은거생활에 들어가 버린다. 형이 역적으로 몰려 죽었으니 집 안이 광풍에 휘몰아친 누워버린 무논처럼 되었을 것이고, 마을에서도 불편한 존재가 돼 마음 둘 곳이 없었다. 하지만 세상은 그와 김덕령을 묵묵히 지켜보며 마음으로 다독여 주었다. 이런 그를 사람들은 외면하지 않고 찾아주며, 오히려 무정한 세상의 인심과 정치의 셋법을 함께 경계했다.

김덕보는 숙부가 살고 있는 화순의 석교, 지리산 백운동 등을 떠돌아 다녔다. 그러다가 두 형이 모두 후사가 없어 제사를 모실 사람이 없자 둘째형 덕령이 죽은 지 6년 만인 1602년에 고향 마을이 지척인 곳에 들어 왔으니 '풍암정楓岩亭'이다. 충효마을에서 약 20리 거리다.

임진왜란이 끝나고 약 29년이 지난 1627년에 정묘호란이 일어나자 김덕보는 다시 안방준과 함께 의병을 일으켰으나, 그의 나이 56세로 늙고 병이 들어 전장에 나가지 못하고 한 많은 생을 마감한다. 김덕령 장군이 후사가 없어 김덕보의 증손인 김수신이 주사손主祀孫이 돼 '광산 김씨 충장공파'를 이루고 있다.

너덜겅 바위투성이의 절벽 같은 앞산에

▲ 김덕보의 회한이 서린 풍암정

▲ 풍암정

옛날에는 단풍과 바위가 어우러진 곳이라 하여 '풍암정楓岩亭'이라 이름 지어졌다고 하고 또는 풍암정 앞 천변에 자리한 커다란 바위가 단풍잎을 닮아 풍암이라 지었다고도 한다. 김덕보의 호도 '풍암楓巖'이다. 지금은 세월이 흘러 단풍나무는 많이 사라지고 수종도 바뀌었다. 옛 모습을 오늘날 되살려보려 한 것인지 풍암정에서 그 아래 풍암제楓岩堤에 이르는 길 양편에 정성껏 단풍나무를 심어 놓았는데 여름날에도 짙은 그늘을 드리워 시원하고, 가을날에는 붉은 단풍을 즐기며 거닐 수 있는 소소한 행복을 주고 있다. 단풍철마다 걸어보고 싶은 길이다. 실로 풍암정은 그 태어난 아픔을 뒤로 하고 후세들에게 무등산의 다양한 아름다운 모습을 보여주고 있다.

한편 풍암정에 들어서면 처음 느낌은 바로 앞에 있는 산이 병풍처럼 가로막아 마치 수도승이 벽을 대면하고 있는 듯한 기분이 든다. 그리고 정자 안의 비좁은 방을 보면 마치 스스로 감옥에 들여 놓은 느낌이다. 마루에 앉아 눈을 감으면 발아래에서 계곡으로 흐르는 물소리와 새소리가 끊임없이 들려온다. 세상의 소리는 이곳에 없다. 오직 나와 온전한 본래 모습 그대로의 또 다른 나와 대면할 수 있다. 또한 정자는 바위와 소나무 사이에 들어 앉아 있어서 빈틈없는 단정한 모습이 느껴진다.

풍암정에도 여느 정자들처럼 많은 시문이 현판에 새겨져 있다. 글씨체들도 각기 달라 가야금 산조나 재즈와 같은 자유스러움과 편안한 느낌을 준다. 정자에는 풍암정사楓岩精舍 현판과 송강 정철의 넷째 아들인 정홍명(鄭弘溟, 1582~1650)이 쓴 「풍암기楓岩記」, 그리고 임억령·고경명·안방준 등이 남긴 시詩들을 새긴 제액들이 10개가 걸려 있다. 그 가운데 기암 정홍명이 쓴 「풍암기」는 당시의 풍경을 생생하게 떠올릴 수 있을 만큼 상세하게 표현하고 있다.

풍암기楓菴記

서석산은 웅장해 호남에서 으뜸간다고 한다. 그 까닭은 기이한 수석이 많기 때문에 붙여진 이름이다. 그 남쪽에 사인암이 있는데 기기괴괴한 돌이 많이 있고 그 아래 절이 있다. 이 절은 가파른 언덕과 깎아지른 듯한 바위가 솟아 있어 찾는 사람이 아주 드물다. …중략…

내가 무척 기뻐서 곧 말을 달려 그 집에 이르러보니 과연 한갓지고 고요하면서도 아취가 있었다. 언제나 밥만 먹고 나면 같이 지내는 두셋 벗끼리 바위 아래를 거닐면서 여기가 어째서 이렇게 이름이 높은지를 알아보기도 하였다.

▲ '풍암정사' 현판

이 바위를 끼고 위아래로 단풍나무 백여 그루가 자라 있는데 이것이 시내못을 삥 둘러 물에 그림자를 드리우고 있었다. 가을이 한창인 때에는 서리 맞은 고운 단풍잎이 물 위를 비추어 물빛이 단풍이고 단풍빛이 물빛이다. 그 위로 시냇물은 솟구쳐 흐르는데 기암괴석까지 곁들어 있다. 흐르는 물이 바위 사이를 돌고 돌아 폭포가 되어 떨어지니 그 소리는 천둥소리 같았다. 장마 때에 물이 불어나면 바위를 치고 내리지르는 물소리가 사람의 귀를 막아서 가까이서 하는 말도 알아듣지 못하게 된다.

…중략…

가지는 뻗어 수면을 덮었고 바위는 판판하고 넓어서 십여 명의 사람이 앉고도 남을 만하다. 그 아래 괸 물은 못이 되어 물고기도 낚을 만한데 아래로 갈수록 물은 더욱 맑고 돌들은 더욱 기이하다. 높이 솟아서 이마가 벗어진 것 같은 놈, 뾰쪽하고 날카로와 까마득하게 솟은 놈, 의자같이 생긴 바위, 소반같이 생긴 바위, 움푹하게 파인 바위, 바둑판처럼 너른 바위 등 천태만상이다. 물가의 모래는 비단처럼 곱고, 나무 그늘은 땀을 식히기에 알맞다. 경치도 갖가지고 모양새도 가지가지이다. 이 경치에 취하면 저쪽은 잊어버리고 새로운 곳에 미쳐서 옛것은 놓치기 알맞다. 이 경치를 어찌 한 마디로 그려낼 수 있을까 보냐.

…중략…

이 좋은 승경을 안 뒤에 조그마한 집을 지은 사람이 광주 김씨의 김자룡이다. 젊어서 속된 세상을 등지고 때맞추어 이곳에 와서 근심 걱정 다 버리고 이 집을 지었다니 그 사람됨을 가히 알 만하다. 이 글을 짓는 사람은 내가 스스로 기와산인이라 호하였다. 만력 갑인(1614년) 동짓날 16일에 이를 지었다.
-1811년 2월 초에 이 글을 판각하여 벽에 걸었다.

221

글을 쓴 기와산인畸窩散人은 정홍명이다. 1614년에 정홍명이 병 때문에 잠시 쉴 곳을 찾던 중에 이곳을 소개받아 찾았다. 그는 풍암정에 10여 일을 머물며, 원효계곡의 흐르는 물과 바위, 단풍의 아름다움을 감상하고 이를 기록했다. 사계절의 특징을 적은 것으로 보아 사시사철 이곳을 자주 들렀을 것으로 보인다. 또한 김자룡(김덕보의 자)이 이 정자를 지었다는 것과 정자의 명칭을 풍암정이라고 분명히 밝히고 있다. 현재 걸려있는 '풍암정사'라는 현판은 한참 후대에 누군가 만들어 걸어놓은 것으로 보인다. '정사'라 함은 학문을 강론하는 곳이라는 뜻이니 이 정자의 성격이 짐작이 간다.

김풍암이 지은 「만영漫詠」이라는 시도 정자 안에 남겨져 있다.

마음 가는 대로 읊음	漫詠
늦게야 단풍나무 언덕에 작은 집을 지으니	晚結楓崖屋數間
바위 앞에는 대나무요, 뒤에는 산기슭이네.	巖前樹竹後重巒
양지 바른 창문은 겨울에도 따뜻하고	向陽檐牖三冬暖
높은 곳에서 물을 보니 무더운 여름에도 한기가 도네.	臨水高臺九夏寒
영약은 언제나 신선들이 캐었고	靈藥每從仙儷晰
좋은 책은 야인들이 빌려다 본다네.	好書時借野人看
몸 숨길 편안한 곳이 여기 있는데	棲身別有安間地
신선 사는 바다 건너 봉래산이 무슨 소용이 있으리.	何用蓬壺海外山

▲ 김덕보의 묘

괴로운 마음을 삼키며 풍암정사를 찾아준 이들과 자연 속에서 스스로를 위로하고 세상과 소통했다. 김덕보의 쓸쓸한 마음이 애잔하다. 지금과는 달리 예전에는 정자 주변에 단풍나무가 있었고 바위 앞에는 대나무가 있었다 하니 지금과는 느낌이 다르다.

김덕보의 절친한 벗으로 함께 의병을 일으키고자 했던 보성출신 우산牛山 안방준(安邦俊, 1573~1654)은 산속에 깃들어 지내는 벗 김덕보를 위해 시를 지어 그를 위로했다.

우산 안방준이 바침	奉呈 牛山

고향에 친한 벗 몇 사람이나 될까	故里親朋問幾人
오직 그대와 아침저녁으로 오고 갔네.	與君朝暮往來頻
한가한 날 대나무 평상에서 맑은 이야기를 나누었고	竹床暇日淸談會
타향살이 몇몇 해에 머리만 세고	關洛秋風白髮新
세상 인정은 개었다 흐렸다 관포지교가 부끄럽구나.	雲雨世情羞管鮑
그대와 맺은 깊은 교분 무엇과 비교할 수 없어	漆膠心事笑雷陳
숨어사는 그대에게 한 마디 부탁하니	寄言懶病楓巖子
빛나는 학문을 끝까지 감추고 몸조심하시라.	終始光學養眞

친구인 김덕보에게 보내는 한없는 위로의 마음이 가득하고 정성스럽다.
석천 임억령도 이곳을 찾았다.

늘그막에 물러나 산수 좋은 곳에서 거니니	投老逍遙水石間
남산 산그늘 드리운 집 봉우리에 안개 얹혀있고	南山映屋蔟煙巒
들리는 소문에 단풍나무도 천 그루나 들어서 있고	傳聞楓樹千章列
또 바윗길에 흐르는 물은 오월에도 차갑다지.	復道岩流五月寒
좋은 경치마다 우연히 싯구를 이루고 보니	靈境偶隨詩句落
어찌 하필 그림 속에서만 무릉도원을 보랴.	桃源何必畫圖看
이곳 소나무에 눈 덮힐 때까지 머물다가	吾將此地棲松雪
그런 뒤 용을 타고 해산으로 들어가리라.	然後乘螭入海山

풍암정 주변의 바위와 단풍의 아름다움을 노래하며 겨울까지 이곳에 머물다가 고향인 해남으로 돌아가겠다는 내용이다.

제봉霽峰 고경명高敬命도 원효계곡을 따라 무등산을 올랐다.

나무는 울창하고, 돌은 더욱 기기해	木益蒼蒼石益奇
이 동천洞天이야 말로 그윽하지 않은 땅이 없다네	洞天無地不幽姿
매화꽃 그림자 빗긴 곳 찾아가	偶來梅影橫斜處
한가히 은하수 같은 폭포를 보고 있노라니	閑看銀河倒掛時
외로운 대나무마저 더해져 더욱 특별해 보이고	孤竹添君更自奇
마치 곁에 모신 옥 같은 여인 자태가 남아있어	玉妃傍侍有餘姿
천개의 봉우리를 비춘 달빛은 숲 위에 아른거려 아쉽기만 한데	惜無林表千峰月
산 그림자 넘실거린 술잔에 비춰줄 때 볼 수 없어라	照見山盃瀲灩時

▲ 고경명의 시

임진왜란이 끝나고 김덕보가 은거하기 위해 지었다는 풍암정에 임진왜란 이전 사람인 임억령과 임란초기에 전사한 고경명 장군의 시가 걸려있다.

이를 두고 두 가지 주장이 있다. 하나는 임진왜란 이전에 이미 풍암정이 지어져 있는데 김덕보가 중수했다는 주장이고, 다른 하나는 정홍명의 풍암기에서 보듯이 분명히 김덕보가 풍암정을 지었고 그 후에 고경명 장군과 임억령의 시를 내걸었다는 주장이다.

고경명 글에서 명확히 근거를 못 찾겠고 임억령의 시 속에서 이곳에서 겨울까지 머물다가 해남으로 가겠다고 이야기 한 바 첫 번째 주장에 좀 더 무게를 실어주고 싶다.

한편, 임란 3년째에 금산전투에서 김덕보의 큰형인 김덕홍과 함께 전사한 의병장 제봉 고경명의 시가 함께 하고 있는 것은 이 정자 주인이 두 사람을 추모하고 기억하고자 했음을 짐작케 한다.

이외에도 기암 정홍명·만덕 김대기·관해 임회·송파 임식·금서 정재성·송사 정재면·정치복의 시가 있다.

풍암정은 무등산 정상에서 시작되는 원효계곡의 중하류에 있다. 그 계곡의 물을 모두 담아내고 있는 저수지가 풍암제다. 풍암제는 풍암정 아래로 단풍나무길을 따라 200여m 거리에 있다. 큰 저수지가 있다는 것은 그 아래에 농지가 많았음이 불문가지인데 그 위에 있는 풍암정 주변에는 지금도 농사짓고 있는 땅이 적지 않게 남아있다. 풍암정이 지어진 당시에도 계곡물을 젖줄 삼아 주변에 농사짓고 사는 사람들이 있었을 것으로 보인다.

풍암제는 무등산 제2수원지, 제4수원지와 더불어 수달의 서식지로 유명하다. 수달은 하천생태계의 최상위 포식자다. 그래서 무등산 하천 생태계의 건강성을 가늠하는 깃대종으로 불린다. 주로 물고기를 잡아먹고 사는데 최근에는 광주시내 도심의 양동시장을 지나는 광주천에서도 발견되었다. 수달은 야행성이라서 사람들 눈에 쉽게 드러나 보이질 않는다. 낮에 아무리 풍암제를 둘러봐도 수달을 찾을 수는 없었지만, 겨울철에는 청둥오리 여러 마리가 유영하는 것을 볼 수 있었다. 청둥오리, 원앙, 흰죽지 등의 오리과 조류들의 서식지이기도 하다.

무등산 외부에서 풍암정에 들어가는 길은 충효동 분청사기 전시실로부터 약 1.6km 거리 풍암제를 왼편에 두고 넓고 편안한 단풍나무 숲길을 거닐면 된다.

▲ 풍암정으로 오르는 단풍길

18. 선조에게 분노한 권필

1596년 8월에 김덕령 장군이 죽임을 당했다. 그해 3월에 서울 출신 석주 권필이 피난 도중 호남 땅 장성에 발을 내딛는다. 그러다 김덕령에게 의병을 적극 권유했던 해광海狂 송제민(宋濟民, 1549~1602)의 딸과 결혼을 하게 되었다. 그는 송제민으로부터 김덕령의 원통한 죽음에 대해 자세히 듣고 슬픔과 분노를 금치 못한다.

▲ 취가정에 걸린 「취시가」

그는 잠결에 김덕령의 시집을 읽게 되었다면서 이야기를 시작한다.

꿈속에서 한 작은 책자를 얻었는데 김덕령의 시집이었다. 첫 머리에 실린 시 한 편에 '취시가'라는 제목이 붙어 있었다. 내가 세 번을 되풀이해 읽어 이를 얻었다. 그 시구는 이러하다.

夢得一小 乃金德齡詩集也 其首一篇曰醉時歌 余三復得之 其詞曰

취시가	醉時歌
취해서 부르는 이 노래 들어주는 이 없네.	醉時歌此曲無人聞
꽃과 달에 취하는 것도 바라지 않고	我不要醉花月
높은 공을 세우는 것도 바라지 않네.	我不要樹功勳
공을 세우는 것도 뜬구름일세.	樹功勳也是浮雲

▲ 취가정

꽃과 달에 취하는 것도 뜬구름   醉花月也是浮雲
취해서 부르는 이 노래 아무도 내 마음 알아주는 이 없네.   醉時歌此曲 無人知我心
다만 긴 칼 들고 밝은 임금 받들고 싶을 뿐이라네.   只願長劍奉明君

석주 권필의 꿈에 덕령이 찾아서 자신의 진심을 담아냈다. 너무나 선연한 꿈에 놀라 잠에서 깬 권필은 곧바로 답시를 지어 김덕령을 위로했다.

잠에서 깬 뒤 몹시 구슬퍼서 그를 위해 절구 한 수를 지었네.   旣覺悵然悲之 爲作一絶
장군께서 지난날 금빛 창을 잡았건만   將軍昔日把金戈
장한 뜻 도중에 꺾이니 어찌된 운명인가   壯志中摧奈命何
지하 영령의 한이 그지없어   地下英靈無限恨
한 곡조 '취시가'가 또렷하구나.   分明一曲醉時歌

권필의 문집인 『석주집』에 실린 내용이다. 꿈속의 김덕령의 시도 권필이 지은 것이요, 꿈을 깨고 화답한 시도 권필의 시이다. 그의 현실비판 의식이 내재된 것으로 김덕령을 원통하게 죽게 한 선조에 대한 분노와 그의 무죄를 논하지 않은 조정대신들에 대한 질타를 에둘러 표현한 것이다.

후일 1890년(고종 27)에 김덕령의 마을 충효동에서 태어난 후손 김만식이 문중과 협력하여 마을 안에 정자를 짓는다. 김덕령에 대한 권필의 마음을 담아 '취가정'이라고 이름 지었다. 마을 안의 정자 환벽당과 50m 거리에 있다. 1950년 한국전쟁으로 불에 타 없어졌다가 전쟁 직후 1955년에 중건했다.

김덕령의 죽음을 애도하며 선조의 처사에 분노한 권필은 어떠한 사람인가? 그는 송강 정철의 제자이다. 정철은 선조에게 광해군을 세자로 세울 것을 주장했다가 선조의 노여움을 사 이 일로 유배에 처해졌다. 임란이 일어나자 해배되었으나 이내 전쟁 중인 1593년 12월에 사망한다.

그리고 정철의 관작이 추탈 당하자 그를 스승으로 존경하던 석주 권필은 이 사건 이후로 세상일에 뜻을 접었다. 각지를 떠돌며 술을 가까이 하는 풍자적 저항시인으로 살았다. 사후에 그의 시를 모아 놓은 문집 『석주집』이 있는데 「취시가」도 여기에 실렸다. 시 836수, 문 25편이 수록되어 있다.

▲ 권필의 취시가비

1611년(광해군 3) 봄에 진사 임숙영이라는 사람이 별시문과의 전시殿試에서 답안을 작성하면서 광해군 외척의 교만 방자함을 비판하는 내용을 담게 된다. 광해군이 이를 알고 분노해 합격자 명단에서 임숙영의 이름을 뺄 것을 지시한다. 사헌부와 사간원 양사兩司에서 잘못된 처사라고 간하자 봄·여름이 지나고 가을에 가서야 합격자 발표를 하도록 허락해 주었다. 권필의 귀에 이 소식이 들어가자 곧 붓을 들어 「문임숙영삭과聞任叔英削科(임숙영의 삭과 소식을 듣고)」란 시를 짓는다.

임숙영의 삭과 소식을 듣고	聞任叔英削科

궁궐의 버드나무 하늘하늘 어지러이 날리니	宮柳靑靑花亂飛
도성 고관대작들이 임금님의 은혜라며 아첨하는구나.	滿城冠蓋媚春暉
조정에선 태평성세의 즐거움이라 함께 치하하나,	朝家共賀升平樂
누가 곧은 말이 평민에게서 나올 줄 알았으리오.	誰遣危言出布衣

이 시는 그를 죽음에 이르게 하고 말았다. '궁류시宮柳詩'라고도 한다. 1612년(광해 4) 그의 나이 44세 되던 해 이 시는 광해군의 눈에까지 들어가게 되었다. 광해군은 석주의 시를 살펴보고 자신을 비판하고 조롱한 것으로 받아들였다. 이 일로 석주는 잡혀가 국문을 당하여 곤장을 맞고 귀양길에 오르게 된다. 이에 친구들이 동대문 밖에서 권필을 기다렸다가 주막으로 데리고 가서 그가 좋아하는 술이나 맘껏 먹고 가라고 술을 권한다. 그러나 곤장으로 장독이 오른 터라 술은 이 장독을 더 악화시켜버려 이튿날 사망하고 만다.

19. 죽음으로 맞서 싸운 전상의

임진왜란을 치르며 조선과 명나라는 국력이 약해졌다. 이를 틈타 만주에서는 여진족이 힘을 키우고 있었다. 1616년(광해군 8)에 누르하치가 후금을 세워 농토가 많은 남만주를 향해 남하했다. 조선을 둘러싼 주변 상황이 급변했다. 일본과 싸웠던 명은 이제 후금과 맞서야만 했고, 임진왜란 때 조선을 도왔다는 명분을 앞세워 명은 조선이 자기편이 되어 후금과 싸워주기를 원했다.

그러나 조선의 광해군은 기울어가는 명의 세태와 하루가 다르게 세력을 키워가는 후금을 살피며 조선을 지키고자 했다. 광해는 후금과 조선이 충돌하지 않도록 외교적 관리를 펼쳤다. 그러나 광해군을 몰아낸 인조반정 후 들어선 서인정권은 친명배금정책을 펼쳤다.

이에 후금은 명나라를 공격하기 전에 배후를 단속하기 위해 조선을 먼저 치기로 마음먹고 1627년(인조 5) 1월에 찬바람을 등지고 3만 명의 병력으로 압록강을 넘어왔다. 약 2개월간 전쟁에 돌입하니 '정묘호란'이었다. 임진왜란과 정유재란이 끝난 지 약 28년만으로, 전란의 피해와 상처를 채 극복하기도 전이었다.

후금은 의주를 공격한 지 일주일도 안 돼 청천강에 도달하였다. 청천강에는 안주성이

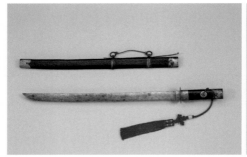 

▲ 전상의 장군의 칼(길이 79cm)과 활, 국립민속박물관

▲ 전상의 장군의 동달이(길이 119cm)와 전립, 국립민속박물관

버티고 있었다. 이곳은 후금의 군대가 평양을 지나 개성, 한양으로 군대를 이동시키는 데
있어 중요한 요새지였다. 당시 안주성에 모여든 사람은 평안병사 남이흥南以興을 비롯해
구성부사 전상의全尙毅, 강계부사 이상안李尙安, 안주목사 김준 등 안주 주변의 수령과
군사들이었다.

　구성龜城 전상의(全尙毅, 1575~1627)는 광해군 대에 정3품 내금위어모장군內禁衛禦
侮將軍으로 승차했었다. 요즘으로 말하면 청와대 경호실장으로서, 광해군의 남자였기에
인조반정에 가담하지 않고 충절을 지켰다. 그 죄로 관직을 박탈당했다. 2년 후에 정4품
개천군수로 좌천 발령받았다가 구성도호부사龜城都護府使 겸 좌영장左營將이 되어
안주성에 들어와 있었다.

　그는 정치적으로 패주인 광해군을 따랐으니 죽은 목숨과 다를 바 없었다. 이즈음에 이곳
변방 최전선에서 후금의 남하를 저지하는 군인으로 서 있게 된 것이다.

　평안병사 남이흥은 안주목사 김준에게 중영中營을, 구성부사 전상의에게 각각
남영南營을 사수할 것을 명령하였다. 전 장군은 백상루百祥樓에 진을 치고서 혈전을 치러

231

첫 승리를 거두었다. 그러나 중영이 함락되며 남이흥과 김준이 전사하고 남영으로 후금군이 몰려오자 결국 아군은 모두 죽고 전상의 장군이 홀로 남게 된다. 그는 칼을 뽑아 스스로 목을 찌르고 백상루 아래로 떨어져 항복의 치욕을 떨치며 죽음으로 조선을 지켰다.

그는 고경명, 김덕령과 함께 광주의 3충신으로 불린다. 광주에서는 이 세 사람만이 충신의 정려旌閭*를 받았기 때문이다.

전상의는 1575년(선조 8)에 현 광주광역시 구동에서 태어났으며 본관은 천안天安이다. 임란 후 1603년(선조 36) 29세 때 무과武科에 급제했다. 1617년(광해군 7) 오윤겸과 함께 회답사(回答使)로 일본에 건너가 임진왜란 당시 일본에 끌려간 포로 150여 명을 송환해 왔다. 1618년(광해군 10)에 내금위어모장군에 발탁되면서 광해군의 최측근이 된다. 인조반정 시 반정군에 가담하자는 훈련대장 이흥립의 권유에도 불구하고, 오히려 임금을 지키지 못한 본인의 목을 치라고 소리 지르며 임금에 대한 충심을 지켰다.

장군의 위패를 모신 충민사忠愍祠는 지역사회의 뜻을 모아 1982년 6월 28일 착공하여 1985년에 준공하였다. 사당은 1627년 장군의 시신을 옮겨 장사 지낸 무등산 평두봉 옆에 건립되었다. 지금의 제4수원지와 충장사 사이의 도로 옆에 위치했다. 또한 시에서는 광주공원 아래 광주천의 광주대교에서 양동시장 뒷길을 경유하여 돌고개에 이르는 길을 '구성로龜城路'라고 이름 붙여 장군의 충절을 기리고 있다.

▲ 전상의 장군 묘소   ▲ 충민사 내 전상의 장군 신도비

*정려旌閭 : 예전에 충신·효자·열녀 등을 기리기 위해 그 동네에 정문을 세워 표창하는 일

20. 노비에서 충무공에 오른 정충신 장군

옛 전남도청인 지금의 5·18민주광장으로부터 유동·임동 방향으로 충장로와 나란히 놓인 금남로는 금남錦南 정충신(鄭忠信, 1576~1636)을 기억하는 길이다.

그는 광주 향청鄕廳의 관리인 아버지와 여종인 어머니 사이에서 태어나 노비로 자랐다. 그의 어릴 적 이름은 가행可行이었다. 비운의 운명이었지만 전쟁은 운명처럼 그의 모든 것을 바꿔 놓았다. 가행이 17세 되던 해, 임진왜란이 일어나자 곧바로 광주목사 권율의 통인이 되었다. 잔심부름과 연락을 맡아 보는 역할이었다.

▲ 정충신

4월에 쳐들어온 왜군은 부산에 들어온 지 20일 만에 한양을 점령한 후 호남으로 진출하기 위해 금산에서 집결하여 전주로 향하기 시작했다. 7월 9일 고경명 장군의 금산 1차 전투가 있기 하루 전인 7월 8일에 권율은 금산 이치에서 전라도로 향하는 왜군 정예군을 1차 봉쇄해 육지에서의 첫 승을 거둔다. 이때 권율의 신임을 얻은 가행은 의주로 피난 간 선조에게 승전보를 전하러 가게 되었다. 이때 권율의 사위였던 병조판서 이항복을 먼저 만났다. 이항복은 가행의 총명함을 알아보고 자신의 집에 머물며 학문과 무예를 익히게 했고, 이름을 충신忠信으로 지어주었다. 이항복의 천거로 선조는 충신을 면천시켜 주었다.

충신은 이 해 가을에 행재소에서 실시한 무과에 응시해

▲ 정충신 교지

▲ 정충신 시비, 광주 사직공원

합격하였다. 1621년(광해군 13)에 만포첨사로 파견돼 국경을 수비했으며, 이때 명을 받고 여진족의 여러 추장을 만났다. 1624년에 인조가 반정으로 정권을 잡자마자 '이괄李适의 난'이 발발한다. 조선 건국 이래 반란군이 한양을 점령한 첫 사례였을 만큼 그 위세는 대단했다. 인종반정 공신인 이괄이 인사에 불만을 품고 벌인 일이었다. 정충신은 도원수 장만張晚의 휘하에서 전부대장前部大將이 돼 이괄의 군사를 황주와 서울 안산鞍山에서 진압해 진무공신振武功臣 1등으로 '금남군錦南君'에 봉해졌다.

1627년 정묘호란 때는 부원수를 지냈다. 1633년 조정에서 후금과의 단교를 위해 사신을 보내게 되었다. 이미 후금에 사신으로 다녀와 정세를 알고 있던 정충신은 전쟁을 막고자 이를 반대하며, 명과 후금 사이에 정치적 중립을 주장하다 당진에 유배되고 만다. 결국 그의 뜻과 달리 조선은 후금과 외교를 끊었다.

공산空山이 적막한테 슬피 우는 저 두견아
촉국흥망蜀國興亡이 어제 오늘 아니거든
지금에 피나게 울어 남의 애를 끊나니

234

금남은 국제 정세의 격변 속에 풍전등화와 같은 조선의 운명을 예감하며 슬픔에 가득한 마음으로 노래했다. 옛날 중국 상고시대 촉나라의 왕 두우杜宇가 정승에게 왕위를 빼앗기고 원통하게 죽었는데, 그 넋이 두견새가 되어 밤이면 피가 나도록 울었으며 쏟아진 피는 '두견화'라고도 불리는 진달래꽃이 되었다는 데서 두견화를 소재 삼아 조선의 모습을 표현한 시詩이다.

정충신은 곧 풀려 나와 이듬해 포도대장·경상도병마절도사를 지냈다. 1636년 5월에 그가 62세로 죽은 후 12월에 결국 청 태종은 단교를 선언한 조선을 공격하여 조선은 병자호란의 참사를 겪고 말았다.

그는 노비로 태어났지만 이순신 장군·김시민 장군처럼 사후에 충무忠武라는 시호를 받았다. 본관은 금성錦城이고 호는 만운晩雲이다. 그를 기리기 위해 광주는 일본으로부터 해방되자마자 그의 봉호를 딴 금남로를 만들었다. 충남 서산에는 그를 모신 진충사振忠祠와 묘소가 있다.

이와 같이 광주를 상징하는 금남로와 충장로는 외침에 맞서 싸운 두 장군을 기리고 있다.

21. 일제에 맞선 호남의병들

생각해 보면 의병은 우리나라 역사에서 정의의 표상이었습니다. 국난이 있을 때마다 자발적으로 일어나 나라와 민족을 위해 초개와 같이 목숨을 바치셨습니다. 특히 호남의병은 1907년을 전후한 시기부터 1910년까지 전국의 반일의병투쟁을 주도했습니다. 1908년의 경우 전국에서 일본 군경과 1천 976회에 달하는 교전 중 호남의병들은 493회나 전투를 벌여 전국의 25%를 차지했으며, 전투에 참여한 의병의 숫자도 8만 2천767명 중 2만 504명이나 돼 전국의병의 24.7%를 차지했습니다. 또한 다음해인 1909년에는 전국에서 1천 738회의 전투가 벌어졌는데, 이중 47.3%인 820회의 전투가 광주를 비롯한 호남지역에서 벌어졌습니다. 교전의병 숫자도 3만 8천593명 가운데

▲ 일제에 의해 대구형무소에 수감된 호남의병장들

2만 3천155명이 참여해 전국 의병의 60.1%나 차지했습니다. 타 지역에서는 사그라지고 있던 의병투쟁이 호남지역에서는 '의병전쟁'으로 타오르는 등 더욱 격화되고 있었던 것입니다.

당시 호남을 무대로 활약한 의병장님들은 수없이 많습니다. 최익현, 고광순, 기삼연, 김태원·김율 형제, 전해산, 심남일, 안규홍, 조경환, 김원국·김원범 형제, 양진여·양상기 부자, 오성술, 이기손, 오상열, 김동수, 박사화, 이강산, 임창모, 임하중, 장인초, 정기찬, 조정인, 황병학 의병장님 등이 대표적인 의병장님들이십니다.

…중략…

그러나 임들이 이곳 어등산 등지에서 순국하신 지가 벌써 100년이 훌쩍 넘어섰지만 아직까지 제대로 된 추모비 하나 없어 안타까운 마음에 눈물이 솟습니다. 하지만 뒤늦게나마 임들이 전투를 벌이셨고, 순국하신 어등산 자락 이곳 유서 깊은 박산마을에서 오늘 임들을 위한 추모제를 갖게 되었습니다. 임들의 숭고한 구국의 혼을 영원히 기리기 위함입니다. 호남의병 영령들이시여, 부디 임들의 뜻으로 민족정기를 바로 세워 우리 민족이 하루 빨리 평화통일을 이루어 세계 속의 대한민국이 될 수 있도록 인도하여 주소서.

-제4회 호남의병추모제문

2012년에 행한 제4회 호남의병추모제문은 한말 호남의병활동에 대해 잘 설명하고 있다. 한말의 상황을 좀 더 상세히 보자면 이렇다. 전제군주에 대항해 영국은 1688년~1689년에 명예혁명을 통하여 왕권을 빼앗았으며, 100년 뒤인 1787년~1799년에 프랑스에서도 왕권을 빼앗아 공화정을 선포했다.

그 뒤로부터 약 100년 후 1894년에 조선도 호남 민중을 중심으로 동학농민운동을 일으켜 새로운 국가로 전환을 시도했으나 일 년 만에 외세와 수구세력의 저항으로 제압당하고 만다. 오히려 이 혼란을 틈타 일본과 러시아 그리고 청나라가 조선의 지배권을 갖고자 청일전쟁(1894년 7~1895년 4)과 러일전쟁(1904~1905)을 일으킨다.

이 와중인 1895년 8월에는 친러성향을 보인 명성황후가 일본에 의해 시해되기도 했다. 참담한 비극은 그치지 않았다. 결국 두 전쟁에서 승리한 일제에 의해 조선은 1905년에 을사늑약을 통해 외교권을 빼앗겼다. 1907년에 고종이 퇴위 당했으며, 조선군대도 일제에 의해 강제 해산 당한다. 그리고 급기야 1910년에 일제에 의해 조선은 강제 병탄되고 만다. 조선은 국권을 상실하고 일본의 식민지로 전락해버린 것이니, 한민족 역사상 이보다 더 치욕적이었고 위기인 때가 없었다.

호남민중들은 천여 년을 이어온 봉건사회를 무너뜨리고 새로운 사회를 만들려는 꿈을 접어두고 이제 다시 국가를 되찾는 투쟁에 나서야 했다. 독립을 위해 의병들은 목숨을 내놓고 이 땅에서 일본과 싸우기를 주저하지 않았다.

그때 광주를 대표했던 인물이 김태원(1868~1908)·김율(1882~1908) 형제이다. 김태원 형제는 나주 문평 출신으로, 김태원의 본명은 준準이며, 태원은 자字인데 일찍이 사회변혁의 꿈을 도모해 13년 전에 동학혁명에 참여하기도 했다. 1907년 일제에 의해 고종이 강제 퇴위당하고 군대가 강제 해산당하자 두 형제는 장성의 의병장 성재省齋 기삼연(奇參衍, 1851~1908)이 이끄는 호남창의회맹소에 들어가 선봉장 역할을 하였다.

▲ 의병항쟁의 격전지였던 고창 문수사

238

1907년 9월에 고창 문수사 전투를 시작으로 법성포·장성·영광·함평·담양 등지에서 일군 의병토벌대와 치열한 전투를 벌였다. 다음해인 1908년 설날엔 담양 무동촌(현 담양군 가사문학면 무동리)에서 의병 토벌에 혈안이 된 요시다 카츠사부로우吉田勝三郎의 광주수비대를 격파한다. 그런데 이날 대장 기삼연이 순창에 은신 중 체포되고 만다. 두 형제는 그를 구하기 위해 30여 의병을 이끌고 광주 경양역까지 추격했지만, 기삼연은 이미 광주 경찰서로 호송된 뒤였다.

일본군은 김태원 부대가 기삼연을 탈옥시키려는 움직임을 눈치 채고 다음 날 정식 재판도 없이 광주천 서천교 밑 백사장에서 성재 기삼연 의병장을 죽였다. 이에 김태원은 동생 율과 함께 독립부대인 '호남의소湖南義所'를 이끌며 친일파인 일진회원과 밀정 등을 처단했다.

1908년 2월 19일에 김태원은 시를 남겼다.

사랑하는 동생에게	與舍弟心書
국가 안위가 경각에 달렸거늘	國家安危在頃刻
의기남아가 어찌 앉아 죽기를 기다리겠는가	意氣男兒何待亡
온 힘을 쏟아 충성을 다하는 것이 의에 마땅한 일이니	盡忠竭力義當事
백성을 건지려는 뜻일 뿐 명예를 위하는 것은 아니라네	志濟蒼生不爲名
전쟁은 죽으려는 것,	兵死地含笑入地可也
기꺼이 웃음을 머금고 지하에 가는 것이 옳으리라	

김태원 부대는 2월 24일에는 장성 토천 土泉에서 일군과 공방전을 벌여 대승을 거둔다. 이에 일제는 김태원·김율 의병부대를 공격하기 위해 제2특설순사대를 편성하고, 광주수비대와 헌병을 총출동시킨다. 그런 가운데 3월 29일에 김율이 일군에 붙잡혀 광주감옥에 수감되고, 형 태원도 광주 박산마을 뒤 어등산에서 일제

▲ 김준 편지-여사제심서, 종이에 먹, 24.7X30.5cm, 순천대박물관, 1908년

밀정의 제보로 출동한 일군에 의해 순국한다. 1908년 4월 25일, 서른아홉의 나이였다. 다음 날 일제는 김율마저 어등산에서 총살한다. 그러나 김태원의 부하였던 조경환·오성술·전해산 등은 1909년까지 독립활동을 계속 이어갔다.

김태원 의병장의 아들 동술은 일제 경찰에 끌려가 심한 고문을 당해 반신 불구가 되었고, 외동딸은 이름을 바꾸어 신분을 숨긴 채 부산으로 시집을 가버린다. 1919년에는 고종이 승하하자 김태원의 부인마저 "나라가 망했으니 살아있을 이유가 없다."며 자결한다.

죽봉로가 시작되는 광주 농성광장에는 오른손은 치켜들고 왼손에 총을 잡고 있는 죽봉 김태원 의병장의 동상이 서 있다.

▲ 죽봉 김태원 의병장 동상

22. 광주학생독립운동이 일어나다.

1910년에 조선은 일제에 강제 병합되는 수모를 겪었다. 그로부터 9년 만에 강압적인 식민지 정책에 항거해 민족의 독립의지와 자주성을 만천하에 천명한 3·1운동을 일으켰고, 1926년 순종의 장례일에 6·10 만세운동을, 다시 그로부터 3년만인 1929년에 광주에서 학생독립운동이 일어난다. 이 세 운동을 일러 일제강점기 3대 독립운동이라 한다.

1929년 10월 30일 하교 중에 나주역 기차 안에서 광주중학교 일본인 학생들이 광주여자 고등보통학교(전남여고의 전신) 학생들인 박기옥·이금자·이광춘의 머리를 잡아당기며 희롱하였다. 이를 목격한 광주고등보통학교(광주일고의 전신) 학생 박준채가 항의하면서 집단

▲ 나주역

241

난투극이 벌어졌다. 광주중학교는 일본인 학생들이 많이 다니는 학교였고, 광주여고보와 광주고보는 조선인 학생들이 주로 다니는 학교였다. 문제는 이를 처리하는 과정에서 일본 경찰까지 일본인 학생들의 편을 들어 조선인 학생들을 구타하고 구금해 버린 것이다.

이 일로 인해 11월 3일 조선인에 대한 차별의 부당함이 폭발한다. 이 날은 메이지 천황의 생일을 기념하는 명치절明治節이자, 단군의 조선 건국을 기념하는 음력 10월 3일 개천절 開天節이었다. 개천절은 1905년 을사늑약과 1910년 한일강제병합 사이인 1909년에 항일 의식을 바탕으로 발생한 기념일이었다.

기념행사장에서 일본인들은 '기미가요'를 부르며 축하하는 분위기였으나 조선인 학생들은 침묵으로 대응하면서 양쪽 간 긴장감이 팽팽해졌다. 급기야 언쟁이 벌어지고 일본 학생이 먼저 칼로 광주고보 학생에게 상해를 입히면서 정면충돌한다.

이때 광주의 사회단체회원이었던 장재성(張載性, 1908~1950) 등은 여기에 머무르지 않고 일제에 대항하는 방향으로 전환할 것을 결심하면서 본격적인 반일독립 운동으로 국면을 바꿔나갔다. 장재성의 주도로 행동방향을 결정하고 광주농고 학생들과 함께 용감하게 일제를 물리치자는 내용의 행진가를 부르며 가두시위를 전개함으로써 광주학생독립운동이 시작되었다.

10월 30일 조선 학생에 대한 희롱 사건이 직접적인 발단이었지만 당시 식민지로 전락한 시대적 상황 속에 민족에 대한 차별과 멸시, 폭압에 항거하고자 한 의지가 팽팽하게 축적돼 일어난 운동이었다. 먼저 일제는 조선을 실질적으로 병합한 지 20년이나 지난 탓에 조선지배가 확고한 안정세를 취하고 있다고 자신만만해 하는 시기였다. 나아가 중국을 침략하고 동아시아

▲ 광주학생독립운동 기념관 전시모습

전체를 손에 넣고자 하는 야심에 불타고
있었다.

그러나 조선의 민중들과 특히 학생들은
이런 일제의 폭압 속에서 민족차별의 울분을
삭이고 있었다. 특히 '쌀과 목화'로 상징되는
나주평야의 경제적 부를 약탈하며 독점해
자신들만 배를 불려온 일본인들에 대한 나주

▲ 성진회

학생들의 반감과 민족차별에 대한 항일의식은 켜켜이 쌓여온 터였다. 그리고 서울에서는
1927년에 가장 규모가 컸던 반일사회운동 단체였던 신간회新幹會가 조직되는 등 민족의
자의식과 결집이 이뤄지던 시기였다. 이보다 앞선 1926년에 광주지역에서는 뜻 있는 청년들이
'성진회醒進會'라는 비밀결사조직을 만들어 독립의식을 높이며, '깨쳐 나아가는 모임'이라는
뜻처럼 스스로를 '깨쳐'가고 있었다.

성진회는 광주고보 재학생이었던 장재성이 주도해 광주고보와 광주농업학교 학생 16명이
조직한 비밀결사였다. 강령으로는 ① 일제의 기반羈絆에서 한국의 독립을 쟁취한다. ② 일제의
식민지 노예교육을 절대 반대한다. ③ 언론·출판·결사의 자유를 요구한다는 것을 내걸었다.

성진회는 비밀유지가 어렵게 되자 형식적으로 1927년에 자진 해산하고 각기 학교 단위로
나누어 들어가 비밀조직을 통한 항일운동을 벌였다. 장재성이 주도하여 광주고보·광주사범
학교·광주농업학교 학생 등과 회합하여 독서회 중앙부를 조직했다.

이 독서회는 먼저 학원 내의 문제해결을 위한 동맹휴교를 일으켜 이를 민족운동으로
확산시켜 나갔다. 1927년 5월 하순 광주고보 학생들이 '한일학생 교육제도 차이와 시설의
차이'를 지적하고 물리·화학 교실의 확충을 비롯한 요구조건을 내걸고 동맹휴학에 들어
갔다. 광주농업학교·광주사범학교 학생들도 공동보조를 맞추어 동맹휴교에 들어갔다.
광주농업학교에서는 150명의 연명을 얻어 일본인 교사를 배척하는 진정서를 학교당국에
제출하기도 했다. 당연히 거부되었고 이를 동맹휴교의 명분으로 삼았었다.

이후 장재성은 일본 주오中央대학으로 유학을 떠났지만, 1929년 6월에 대학을 중퇴하고
광주로 돌아와 다시 광주학생독립운동의 중심에 서게 된 것이다.

이번에도 11월 3일 당일에 장재성 등은 일제에 대항할 자세한 행동방향을 제시했다.

1. 우리의 투쟁 대상은 광주중학생이 아니라 일본 제국주의이니 투쟁 방향을 일제로 돌릴 것.
2. 광주중학생에 대한 적개심과 투쟁을 일제에 대한 증오와 독립투쟁으로 바꿀 것.
3. 광주중학생과 대치중인 광주고보생을 해산시키지 말고 광주고보로 집합시켜 적개심에 불타는 학생들을 식민지 강압정책 반대 시위운동으로 돌릴 것.
4. 장재성이 시위운동을 직접 지도할 것.
5. 우리는 앞으로 다른 동지들과 연락하여 다음 투쟁을 준비하고 계획할 것.

일제는 항일시위에 가담한 70여 명의 조선인 학생 중 60여 명을 구속했고 동아일보, 조선일보 등에서는 일제의 학생운동 탄압과 차별을 비판하는 기사를 보도했다. 이에 광주고보·광주농고·광주여자고보 학생들은 동맹휴학으로 대항했다. 일제는 다시 250여 명에 가까운 학생들을 검거해 무기정학 또는 퇴학을 시켰다. 학교는 교실이 텅텅 빌 지경이 되었다.

▲ 광주학생독립운동, 〈광주고보 맹휴사건〉 공판광경

이후 장재성은 해방 후 여운형의 건국준비위원회 전남지부 조직부장 등을 지냈는데 분단에 반대해 세 차례 북을 오가다 1948년에 검거돼 광주교도소에서 복역 중 6·25전쟁이 일어나면서 이승만 정권에 의해 총살당하고 만다.

광주에서 장재성 등을 중심으로 학생운동이 진행되고 있을 때 이를 전국에 확산시키려는 노력이 동시에 진행되었다. 반면, 일제는 언론 통제를 통해 이를 적극 차단시키려 했다. 당시 28세의 허정숙(1902~1991)이 있었는데 그녀는 경성에서 신간회 활동도 하였으나, 일제강점기 최대 여성운동단체인 근우회勤友會 활동에 전력하고 있었다. 마침 11월 3일에 광주에 내려왔다가 여학생 성희롱 사건을 듣고 박기옥·이금자·이광춘 등 세 여학생과 박준채를 면담했다. 이후 경성으로 올라가 여학생들과 여성 운동가들에게 항의 시위를 할 것을 촉구하고 나아가 1930년 1월 15일경에 대규모 만세시위와 동맹휴학을 계획한다.

그러나 일제의 밀정에게 계획이 발각되어 그해 말 허정숙과 여학생들은 항일동맹휴교 운동을 주도한 혐의로 체포됐다. 그들은 광주학생운동 배후조종, 경성항일학생 시위 주도 등으로 징역 1년형을 선고받고 서대문 형무소에 투옥되었다. 결국 여러 차례 교도소에 갇히는 탄압을 받자 허정숙은 1930년대 중반 중국 옌안으로 망명했다.

그 후 그녀는 해방 후 북한의 최고재판소 소장, 법무상 그리고 조선로동당 중앙위원회 정치국 비서 등에 선임되었고, 1970년대에 남북적십자회담에 참석하기도 했다.

그런데 학생독립운동이 광주에 고립되지 않고 전국화 되는데 결정적 역할을 한 사람이 있었다. 그는 당시 27세의 장석천(1903~1935)이다. 그는 완도 출신으로 1926년 동경상과대학 예과에 입학하였으나 4개월 만에 퇴학당했다. 1927년 3월부터 전라청년연맹 상임위원, 전남청년연맹 위원장 등을 지냈고 신간회 광주지회의 상무간사였던 지식인 혁명가였다.

그는 경성에서 학생연합시위를 이끌어내려고 마음먹고 11월 17일에 급히 상경해 12월 3일에 격문 2만 장을 시내 곳곳에 뿌렸다. 12월 9일에 제1차 연합거리시위, 다음 달인 1월 15일~16일에는 제2차 연합거리시위가 벌어졌으며, 3월까지 조선은 물론 중국과 일본의 한인학교에서까지 광주학생운동을 지지하는 연대투쟁이 전개됐다.

당시 일제 총독부 기록으로는 약 5개월간 전국 194개 학교에서 5만 4천여 명이 참여해 1,462명이 구속되고, 2,330명이 무기정학, 582명이 퇴학 처분을 받았다고 되어있으나,

2006년에 광주광역시교육청 주도로 당시 참여한 학교에 대한 재조사 결과 총 320개 학교가 학생독립운동에 참여한 것으로 확인되었다.

장석천은 격문 2만 장을 뿌린 후 사흘째인 12월 5일에 체포돼 다음 달 1월 5일까지 극한의 고통 속에서 취조당했다. 취조실에 있는 그의 몸에서 단도가 발견되기도 했다. 1931년 12월 형기를 마치고 출옥한 뒤에도 그는 조선제사회사, 인쇄소 인쇄직공, 지물회사 직공과 사무원들 속에서 노동조합 결성을 계획해 추진했다. 그러나 이로 인해 다시 투옥되었다가 중병에 걸린 채 교도소에서 나와 광주고보 정문 맞은편에 있는 자택에서 숨을 거뒀다. 당시 나이 33살이었다. 노동 운동을 하다가 서대문형무소에서 복역 중인 그의 사진에는 턱을 치켜 올리며 일제에 못마땅한 감정이 그대로 나타나 있다.

이후 1930년대에 광주고보의 후신인 광주서중에서는 독서회를 유지해 나중에 '무등회'로 이어나갔다. 1943년에 무등회는 이른바, '제2차 광주학생독립운동'이라 불리는 '무등회 사건'을 일으킨다. 신균우를 중심으로 '조선독립'이라는 전단을 뿌리며 독립을 위한 민중의식을 일깨우는 등 항일운동을 전개하였는데 일경이 검거에 나서자 학생들은 동맹휴학에 들어간다. 결국 350여 명의 학생들이 잡혀 들어갔다가 10명이 구속돼 형을 살았다.

일제강점기에 학생운동은 이렇게 전국에서 일어나 민족독립운동에 지향점을 두었고 이후 해방 후에도 반외세 민족주의 및 반독재 민주주의를 이념으로 삼아 달려왔다. 한국의 학생운동은 그 어느 나라에 못지않게 치열하게 전개되어 왔는데 광주학생독립운동은 그 시발점에 우뚝 서 있다.

23. '쑥대머리'로 민족의 설움을 달래준 임방울

임방울(1905~1961)은 을사늑약이 맺어진 1905년에 태어나 질곡과 굴욕의 일제강점기를 살다 간 가인歌人이었으며, 이땅 민중에게 가장 사랑받은 소리꾼이었다. 광주 송정(지금의 광주 광산구 도산동)에서 태어나서 호가 송정이며 본명은 임승근林承根이다. 14세 때부터 고향에서 판소리를 배우기 시작해 25세 때에 상경하여 〈춘향가〉 중 '쑥대머리' 대목을 불러 세상에 알려졌다.

'쑥대머리'는 춘향이가 옥중에서 이 도령을 그리워하며 부른 가슴 절절한 노래로, 일명 '옥중가獄中歌'이다. 옥중이라 풀어 헤쳐진 머리가 마치 들판에서 어지럽게 자라고 있는 쑥과 같다고 표현한 말이 쑥대머리이다. 그 사설을 들여다본다.

▲ 임방울

쑥대머리

쑥대머리 귀신형용鬼神形容 적막옥방寂寞獄房의 찬 자리라 생각난 것이 임뿐이라. 보고지고 보고지고 한양낭군 보고지고. 오리정 정별 후로 일장서一長書를 내가 못 봤으니 부모봉양 글공부에 겨를이 없어서 이러난가.

여인신혼與人新婚 금슬우지琴瑟友之 나를 잊고 이러난가. 계궁항아桂宮姮娥 추월秋月같이 번뜻 솟아서 비취고저. 막왕망래幕往幕來 맥혔으니 앵모서鸚舞書를 내가

247

못 봤으니. 전전반측輾轉反側 잠 못 이루니 호접몽蝴蝶夢을 어이 꿀 수 있나. 손가락의 피를 내어 사정事情으로 편지할까, 간장의 썩은 눈물로 님의 화상畫像을 그려볼까. 녹수부용綠水芙蓉 연蓮 캐는 채련녀採蓮女와 제롱망채엽提籠忘採葉의 뽕따는 여인네도 낭군 생각은 일반이라. 옥문 밖을 못나가니 뽕을 따고 연 캐겠나. 내가 만일에 임을 못보고 옥중 원귀寃鬼가 되거드면, 무덤 근처 있난 돌은 망부석望夫石이 될 것이요, 무덤 앞에 섰난 남귀 상사목相思木이 될 것이오. 생전사후生前死後 이 원통을 알어줄 이가 뉘 있드란 말이냐. 아무도 모르게 울음을 운다.

'여읜신혼 금슬우지 나를 잊고 이러난가.'는 이 도령이 서울 가서 다른 여자와 신혼방을 차려 금슬 좋게 살고 있어 나를 잊은 건지 모르겠다는 뜻이다. '계궁항아 추월같이 번뜻 솟아서 비춰고저.'는 달나라(계궁)에 사는 '항아'라는 미인같이 예쁜 나를 가을 보름달이 훤히 비추어 내 님이 볼 수 있도록 해주라는 말이다. '앵모서를 내가 못 봤으니'는 헤어진 후 연애편지 한 장을 받지 못했음을 말하고 있다. '녹수부용綠水芙蓉 연蓮 캐는 채련녀採蓮女와 제롱망채엽提籠忘採葉의 뽕따는 여인네도 낭군 생각은 일반이라.' 구절은 연꽃방죽에서 연 뿌리를 캐는 여인과 망태에 뽕잎을 따 담는 여자도 임을 생각하는 것은 똑같다는 뜻이다.

식민의 아픔을 살아가는 백성들은 임방울의 애절한 목소리에 눈물지으며 가슴을 저몄다.

▲ 국창임방울선생상,
　광주 송정우체국 앞

▲ 임방울 노래비, 광주 송정공원

248

'쑥대머리'는 '봉선화', '목포의 눈물'과 함께 민족의 설움을 달래준 대표곡이었다. 그가 노래로 취입한 레코드가 당시 100만 장이나 팔렸다. 당대로서는 엄청난 반향이었다. 아이부터 어른까지 온 나라에 임방울을 모르는 이가 없을 정도였다. 소위 '국민가수'였던 셈이다. 그가 무대에 서면 어디든 사람들이 구름처럼 몰려들었다. 그도 세월의 풍상을 그냥 넘길 수는 없었던가 보다.

김제 장터에서 소리를 하던 중 쓰러져 서울 자택에서 57세로 숨을 거두었다. 서울에서 가진 그의 장례식에서 김소희

▲ 임방울의 장례행렬

명창 등이 앞소리와 뒷소리를 맡았고 2백여 명의 여류 명창들이 소복을 입고 상여를 끌며 그의 죽음을 슬퍼했다. 그의 장례 행렬을 지켜보러 나온 이들이 거리를 꽉 메울 정도였다.

그의 예술혼을 잇고자 광주에서는 매년 '임방울 국악제'를 열고 있으며, '임방울로'를 만들어 그를 기억하고 있다. 민족 고난의 시기에 민중과 함께 우리의 소리를 안고 어지러운 시절의 강을 건넜던 작은 거인이었다.

24. 3·15 부정선거를 최초로 규탄한 광주

1960년 3월 15일은 정·부통령 선거일이었다. 선거 결과는 이승만과 이기붕의 승리였다. 그러나 국민들은 선거 결과에 승복할 수 없는 부정선거였다. 그 수법도 다양했다.

사전투표함의 40% 정도를 이승만과 이기붕으로 채워 놓고 투표를 시작하거나, 정상적인 투표함을 이승만과 이기붕의 표로 가득 찬 투표함으로 바꿔치기 하기도 했다. 개표 시에는 야당 참관인들을 납치, 폭행, 협박 등 수단과 방법을 가리지 않고 투표소에서 쫓아냈다. 고무신과 막걸리와 음식을 제공하는 수준은 차라리 소박한 풍경이었다. 금권선거는 말할 필요도 없었고 이미 사망한 사람의 이름을 선거인 명부에 기재한 후 자유당 투표에 활용했다. 정전이 난 것처럼 연기한 후에 투표함을 바꿔치기했고 자유당에 매수된 검표원이 다른 후보를 찍은 표를 발견하면 책상 아래에 고의로 떨어뜨린 후 피아노 건반 두드리듯 지장을 찍어 무효표로 만들었다. 이른바 '피아노표'다. 야당 후보에 투표한 표 뭉치의 맨 위와 맨 아래에 부통령 후보 이기붕의 표를 덧씌워 모두 이기붕의 표로 집계하는 '끼워넣기 개표'도 비일비재했다. 사전 투표 수 조작으로 인해 총 유권자 수보다 투표수가 많은 결과가 나오게 되자 범행을 숨기기 위해 표를 불태우기도 했다. 웃지 못할 풍경이었다.

▲ 3·15 선거 개표 모습

▲ 3·15 부정 선거에 항의하는 시민들

그날 12시 45분, 자유당 정권의 부정 선거에 격분한 시민·학생 1,200명이 금남로4가 민주당 정·부통령 후보 전남 선거사무소 앞에 모여들었다. 이들은 '곡哭! 민주주의 장송'이라 쓴 플래카드를 들고 전남도청 경찰국을 향해 행진했다. 이어 세 시간 후에 경남 마산에서도 시위가 시작되었다.

광주에서의 시위는 40여 분만인 1시 25분께 강제 해산됐지만 4·19혁명의 발단이 됐다. 국민들의 분노는 커져갔고 부정선거에 항의하는 시위가 전국적으로 퍼져갔다. 결국 3월 15일 시위 때 눈에 최루탄을 맞아 사망한 17세 김주열의 주검이 4월 11일에 마산 앞바다에 떠오르면서 전국적으로 분노가 확산되었다.

4월 19일에 전국의 주요 도시에서 수천 명의 학생들이 시위에 나서게 되고 정권을 비호하던 경찰의 발포로 당일 서울에서만 약 130명이 죽고 1,000여 명 이상의 부상자가 발생했다. 들불처럼 번진 시위는 그칠 줄 모르고 성난 민심은 결국 독재 정권을 무너뜨렸다. 4월 26일 이승만은 사임하고, 해방 후 제1공화국은 국민들에 의해 역사의 뒤로 물러났다.

4·19 민주혁명은 이승만과 자유당 12년 독재에 대한 항거로서 대한민국 민주화 운동의 출발점이다. 하지만 이렇게 피로 얻은 귀중한 기회를 민주 세력이 정국을 한 몸으로 주도하지 못하자 이듬해 1961년 5월 16일에 군인 박정희가 쿠데타를 일으켜 집권하고 말았다. 그때부터 1979년까지 박정희의 18년 독재시대로 들어가고 말았으니 4·19는 미완의 혁명이 되고 말았다. 민중의 또 다른 고난의 시작점이었다. 광주에는 최초 발상지인 광주고등학교에 4·19 민주혁명 역사관이 있다.

25. 무등산의 노래, 세계인의 노래, '임을 위한 행진곡'

▲ 윤상원 열사

1982년에 만들어진 노래 '임을 위한 행진곡'은 5·18민주화운동의 투사 윤상원(1950~1980)에 대한 진혼곡이다. 윤상원은 광주 광산구 임곡에서 태어나 전남대 정치외교과에서 공부했다. 그 시절 그는 연극반에서 활동하며 정치사회에 관심을 가지고 살다가 1978년에 졸업하여 그해 1월 주택은행에 입사한다.

박정희의 유신시대가 아직 종말을 고하지 않은 시절로서 순탄한 일상을 괴로워하던 중에 6월 27일에 모교인 전남대 교수들이 '우리의 교육 지표' 사건을 일으키며 그의 마음을 흔든다. 송기숙 교수 등 11명은 '국민 교육헌장'으로 대표되는 박정희의 군사 교육을 거부하고 새로운 '우리의 교육지표'를 만들어 국내는 물론 외신에 발표해 버린다. 요지는 반공만을 앞세운 교육이 아니라 3·1정신과 4·19정신을 계승하여 자주평화통일을 위한 민족역량을 기르는 교육을 하겠다는 것이었다.

당연히 교수들은 체포·해직되었다. 이에 반발한 학생들은 시위를 벌이다 500여 명이 연행되는데 이때 피신하던 학생들이 서울에 사는 선배 윤상원을 찾아 숨어들었다. 이에 윤상원은 결심하고 아버지께 편지 한 통을 쓴다.

불초소생 부모님의 뜻을 저버리고 직장을 그만두게 되었습니다. 그동안 저를 길러 주시고 뒷바라지 해주신 은혜를 생각하면 평생을 다 바쳐 노력해도 부족합니다마는, 부정과 불의가 판을 치는 이 나라, 이 민족의 현실을 좌시할 수 없어 그만두려 하니 부모님 양해해 주십시오. 사내대장부로 태어나 더욱 뜻있고 보람 있는 일을 하려고 합니다. 아무리 어려운 고난과 역경이 제 앞에 닥치더라도 결코 굴하지 않고 꿋꿋이 부모님의 자랑스러운 아들답게 이어나가렵니다. 민족이 처한 어려운 현실에 뛰어 들어가 잘못됨을 바로잡는 데 조그만 저의 힘이나마 보태려 하니 불초소생의 이 뜻을 부디 용서하시고 차라리 그 길로 참된 효도의 길이라 여겨주십시오.

광주로 내려온 윤상원은 고졸 출신으로 학력을 위장해 광천 공단에 있는 플라스틱 공장에 위장 취업해 '노동자'가 된다. 윤상원 말고 또 한 명의 위장 취업자가 있었다. 스물두 살의 박기순이다.

박기순도 전남대 사범대 국사교육학과 3학년 재학 중이었는데 바로 엊그제 교육지표 사건으로 시위하다 강제 휴학을 당한 후 위장 취업해 있었다. 박기순은 휴학 하자마자 노동운동을 하기 위해 7월 23일에 광천동 성당에서 '들불야학'을 여는데 참여한다. 그리고 10월쯤에 29세의 윤상원을 들불 야학 강학(교사)으로 참여시켰고, 여기엔 뒷날 5월 항쟁 때 시민군 기획 실장이었던 김영철도 있었다. 또 나아가 윤상원은 고시공부 중이던 전남대 법대생 박관현을 들불야학에 소개한다. 박관현(1953~1982)은 나중에 전남대 총학생회장으로서 5월 항쟁을 주도하다 광주교도소에서 5·18 진상 규명을 요구하며 단식투쟁 하다 사망했다.

▲ 박기순 열사

들불야학은 광주에서 노동자들에게 한글 수업과 여러 과목을 가르치고 노동의식을 심어준 야학으로 시작하였 지만, 윤상원에 의해 80년 5월에는 항쟁을 주도했던 조직이 되었다. 들불 야학을 이끌던 박기순은 안타깝게도

▲ 박관현 열사

▲ 들불야학

▲ 들불야학이 열렸던 광천동성당 옛모습

개교한 그해 12월 27일에 오빠 집에서 연탄가스 중독에 의해 사망하고 만다. 윤상원은 일기에
그녀를 보내는 마음을 적었다.

불꽃처럼 살다간 누이야, 왜 말없이 눈을 감고 있는가?

두 볼에 흐르는 장밋빛 서럽디 서럽도록 아름답고

난 몰라라, 무엇이 그대의 죽음을 말하는가를

아무리 쳐다봐도 너는 살아 있었다.

죽을 수 없었다.

흰 솜으로 그대의 콧구멍을 막고 흰 솜으로 그대의 열린 입술을 막았을 때

난 속으로 외쳤다. 콧구멍과 입을 막으면 참말로 죽을 거라고.

그대는 정말로 죽었는가?

믿어지지 않는 사실을 두고 모든 사람은 섧게 운다.

모닥불이 탄다. 기순의 육신이 탄다.

훨훨 타는 그 불꽃 속에 기순의 넋은 한 송이 꽃이 되어

우리의 가슴 속에서 피어난다.

당시에 김제에서 농사를 짓고 있던 가수 김민기가 달려와 그의 노래 '상록수'를 부르며
노동운동가의 마지막을 애도했다. '상록수'는 1977년 김민기와 같이 생활한 노동자들의 합동
결혼식을 기념하여 축가로 만든 노래다.

1979년 10월 26일 독재자 박정희가 자신의 정치적 동료였던 김재규의 총탄에 죽는다. 유신독재의 처참한 끝풍경이었다. 민중들은 이제 기나긴 독재시대가 가고 민주화가 이뤄질 것이라 믿었다. 하지만 두 달도 안 되는 12월 12일에 전두환·노태우 등 신군부에 의해 또 다시 쿠데타가 일어났다. 전국적으로 민주세력들은 부글부글 끓어오르며 봉기하기 시작했다.

80년 5월 15일에 전국 학생연대가 서울역에 모여 대규모 시위를 벌이자 군부는 5월 17일에 계엄령을 선포한다. 광주·전남에서도 계엄군이 각 대학들을 장악하고 등교를 저지했다. 5월 18일에 결국 계엄군과 전남대 학생들이 충돌하게 되고 학생들은 계엄령 철폐와 휴교령 철폐를 외치며 금남로로 진출한다. 금남로 일대 시내에서 계엄군들이 학생과 시민을 죽이며 폭력으로 대응하였다.

31살의 윤상원은 5월 18일에 공수부대에 맞서 화염병을 만들 것을 지시하고, 오후 3시가 지날 무렵에 그가 직접 초안을 쓰고 들불야학 교사들이 만든 첫 유인물을 시가지에 뿌리게 했다.

호소문

광주 애국 시민 여러분!

이것이 웬말입니까? 웬 날벼락이란 말입니까? 죄 없는 학생들을 총칼로 찔러 죽이고 몽둥이로 두들겨 트럭으로 실어가며, 부녀자를 발가벗겨 총칼로 찌르는 놈들이 누구란 말입니까? 이들이 공산당과 다를 바가 무엇이 있겠습니까?

이제 우리가 살 길은 전 시민이 하나로 뭉쳐 청년 학생들을 보호하고, 유신잔당과 극악무도한 살인마 전두환 일파의 공수특전단 놈들을 한 놈도 남김없이 쳐부수는 길뿐입니다.

우리는 이제 다 보았습니다. 다 알게 되었습니다.

왜 학생들이 그토록 소리높이 외쳤는가를, 우리의 적은 경찰도 군대도 아닙니다. 우리의 적은 전 국민을 공포의 도가니로 몰아넣고 있는 바로 유신잔당과 전두환 일파, 그자들입니다.

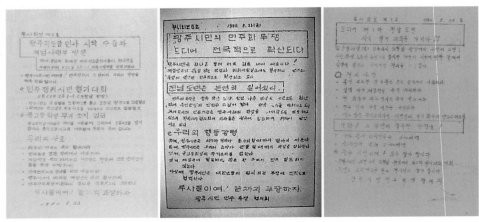

▲ 1980년 5월 23일 투사회보 5호 ▲ 1980년 5월 23일 투사회보 6호 ▲ 1980년 5월 24일 투사회보 7호

죄 없는 학생들과 시민이 수없이 죽었으며 지금도 계속 연행당하고 있습니다. 이 자들이 있는 한 동포의 죽음은 계속될 것입니다. 지금 서울을 비롯하여 도처에서 애국시민의 궐기가 계속되고 있습니다.

광주 시민 여러분!

우리가 하나로 단결하여 유신잔당과 전두환 일파를 이 땅 위에서 영원히 추방할 때까지 싸웁시다.

최후의 일각까지 단결하여 싸웁시다.

그러기 위해 5월 20일 정오부터 계속해서 광주 금남로로 총집결합시다.

1980년 5월 19일
광주시민 민주투쟁회

약속된 5월 20일에 광주시민들의 주장을 담은 '선언문'을 윤상원이 주도했다. 그리고 들불야학팀을 중심으로 이후 항쟁의 과정에 계속해서 '투사회보'를 발간해 배포했다. 녹두서점이 그들의 상황실이었다.

5월 21일 오후 1시에 '전두환은 물러가라', '계엄령을 철폐하라', '김대중을 석방하라' 구호를 외치며 금남로에서 도청을 향해 나아가던 시민들에게 그 앞을 지키고 있던 공수부대가 일제히 사격을 가했다. 금남로는 피로 뒤덮였다. 무고한 제 나라 백성들에게 총을 쏘아 죽인 것이다. 이에 분개한 군중들은 스스로를 지키고자 무장하기 시작했다. 탄약고를 열고 들어가 무기를 꺼내 격렬히 대항하자 공수부대는 그날 도청 앞에서 물러나고 만다.

시민군들은 도청을 기지로 삼아 저항을 시작하고 계엄군은 광주 외곽을 포위하여 봉쇄한다. 그러면서 외곽에 머물던 계엄군의 민간인 학살이 자행되었다. 그 시간 시내에서는 5차에 걸친 범시민궐기대회가 열리는 등 시위가 연일 계속되었다. 계엄군의 시내 재진입이 가까워오는 5월 25일에 투항파가 배제되고 윤상원을 중심으로 도청에서 새로운 항쟁지도부가 꾸려졌다. 윤상원이 시민군 대변인으로 결정되었고 그들은 결사항쟁을 최종 결정한다.

그리고 5월 26일에 외신기자회견을 열어 윤상원이 나서게 되었다. 압도적인 화력을 가진 계엄군에 맞서 항복할 건지 저항할 건지 묻는 외신기자에게 윤상원은 최후까지 싸울 것이라면서 말한다.

"오늘 우리는 패배할 것이다. 그러나 내일의 역사는 우리를 승리자로 만들 것이다."

다음 날 5월 27일 새벽 4시에 시민군이 집결한 도청을 향해 공수부대가 공격해 들어오면서 10일간의 항쟁은 막을 내리게 된다. 계엄군의 총탄에 사망한 윤상원은 이틀간 방치되었다가 5월 29일에 청소차에 실려가 망월동 묘역에 가매장된다. 6월 22일에야 가족들이 파헤쳐 주검을 확인한 후 다시 장사 지냈다.

그리고 그로부터 약 2년째에 접어든 82년 2월 20일에 망월동 묘역에서 윤상원과 박기순은 영혼결혼식을 치렀다. 이 영혼결혼식에 백기완은 장편 시 '묏비나리'를 헌정한다.

'묏비나리'란, 순수한 근원 상태에서 비는(축원) 행위를 뜻한다고 한다. 이 장편 시의 일부를 소설가 황석영이 개사하고 전남대 재학생 김종률이 곡을 붙여 노래를 만들었으니 '임을 위한 행진곡'이다.

▲ 윤상원과 박기순 열사

▲ 「임을 위한 행진곡」 악보

임을 위한 행진곡

사랑도 명예도 이름도 남김없이
한평생 나가자던 뜨거운 맹세
동지는 간 데 없고 깃발만 나부껴
새날이 올 때까지 흔들리지 말자
세월은 흘러가도 산천은 안다
깨어나서 외치는 뜨거운 함성
앞서서 나가니 산 자여 따르라
앞서서 나가니 산 자여 따르라

▲ 윤상원 기념극-오월의 노래

▲ 윤상원과 박기순의 묘

　1982년에 만들어진 이 노래는 70년대 암울한 독재시대를 견디게 했던 노래 '아침이슬'에 이어 80년대 이후 민주화운동에 거대한 힘을 내게 만든 대표곡이 되었다.

　5월 항쟁 후 17년만인 1997년에야 5·18민주화운동 기념일이 정부기념일로 지정된 이후 5·18기념식에서 제창되기 시작했다. 그리고 나아가 세계의 민주화운동 세력들의 입으로 전해져 퍼져가고 있다.

　작곡가 박종률은 2018년의 어느 작은 포럼에서 '임을 위한 행진곡'의 진정한 의미는 민주와 자유를 위해 분연히 일어났던 분들의 용기에 대한 존경과 그들 속에서 피어난 사랑에 대한 찬사, 그리고 미래에 올 수 있는 불의에 대한 각오라고 밝혔다.

　노래의 주인공들인 윤상원과 박기순은 1997년 5월에 합장되어 망월동 5·18국립묘지에 함께 잠들어 있다.

글을 마치며

■ 무등산의 풍경들

광주는 영산강이 도시를 관통하고 있는데 그 자산에 대해서는 큰 관심이 없어 보인다. 영산강의 아름다움을 배경으로 세워진 호가정을 찾아가 보면 아래쪽의 승촌보 때문인지 유속이 느려 큰 비가 온 후에 바로 가보았음에도 물이 썩어가고 있는 모습이었다.

재작년에 경남 창원 진해구의 벚꽃 축제를 다녀왔었다. 고목이 된 벚꽃나무들이 여좌천변에 아주 자연스럽게 자라 있는 것이 전부였지만 지상에 이런 아름다움이 또 어디 있겠는가 싶었다. 장성군은 황룡강변 양쪽에 노란 꽃길을 조성하여 축제를 한다. 그 정성이 놀라웠다. 함평군에서 해마다 벌이는 나비축제 때 함평천을 잘 가꾸어 지역의 아름다움을 더해주고 있다.

영산강변과 광주천 등도 버드나무 가지만 흔들거리는 약간 어두운 구석으로 방치하지 말고 조금 더 아름다운 공간으로 만들어 간다면 광주라는 도시가 새롭게 피어날 수도 있지 않을까 상상해 본다. 그렇다고 마구 파헤쳐서 인공물을 설치하자는 것은 아니다. 어디까지나 강의 모습을 존중했으면 한다.

무등산 역시 산 그대로의 모습을 간직하는 것이 가장 중요하며 인간의 욕심으로 더하거나 빼는 것을 최소화해야 한다. 전두환 정권 때에 만들다 멈춘 무등산 순환로로 산 아래쪽에서 부터 하나둘씩 지속적으로 인공물이 뻗쳐오르고 있음을 느낀다. 최근에는 덕산너덜 허리를 잘라서 지나가는 길 위에 난데없는 전망대를 설치해 놓은 것을 보았다.

하서 김인후 선생이 화순 적벽에서 쓴 시에는 이런 구절이 있다.

강산천고주 인물백년빈　　　　　　　江山千古主 人物百年賓

강산은 천년의 주인이요, 사람이야 백년의 손님일 뿐이라는 말이다. 무등산을 대하는 데 인간이 가장 간직해야 할 말이 아니겠는가?

■ 무등산의 사람들

무등산권에는 환산정·풍영정·호가정·명옥헌 등 이 책에서 언급하지 못한 정자들이 많은데 다만 아쉬울 뿐이다. 또한 사람들로는 화가 의재毅齋 허백련(許百鍊, 1891~1977), 시인 용아龍兒 박용철(朴龍喆, 1904~1938), 음악가 정율성(鄭律成, 1914~1976) 등의 삶을 언급하지 않고 동학혁명에 참여한 분들에 대해서 소개하지 않은 부분도 그러하다.

다만 여기에서 이야기하고자 하는 것은 이 지역의 사람들은 비록 변방에 있었지만 한결같이 역사의 중심에 서서 그 시대의 소명을 다해 왔다는 것이므로 많은 인물을 모두 등장시키지 않아도 독자들이 이해해 줄 것으로 믿는다.

나아가 오늘에 와서 광주정신 또는 호남정신을 다시 새기는 것도 중요하지만 의병활동 등 유적을 보존하며 활용하는 것이 우리에게 놓인 과제이지 않을까 생각한다.

예를 들어 사당이나 정자는 서울의 경복궁이나 덕수궁처럼 시민과 함께 하도록 개방하는 것이 필요하다 하겠다. 그 보존에만 매달려 문을 걸어 잠가놓은 곳이 많은데 그렇게 움츠러들수록 사람들의 눈과 마음에서 사라져 버릴 것이다.

그곳을 작은 회의 장소나 선거 출마자들의 기자회견 장소, 공무원 신규 임용장 교부 장소로 사용하는 등 다양한 활용방법이 있을 것이다.

또한 정자나 사당을 바라보는 시각이 중요하겠다. 그것들은 흔히 생각하는 볼거리로만 여겨서는 안 된다. 자체의 아름다움을 추구하는 건축물이 아니다. 오히려 정자는 스스로를 숨기려는 자세를 가졌고, 자연에 스며드는 모양새를 지녔다. 정자를 바라보기보다는 정자가 바라보는 바깥 풍경을 주시해야 하고, 건물의 주인에 대한 이야기에 귀를 기울여야 한다.

감히 저자가 역사와 인물을 논할 자격이 있는지 수없이 망설였지만 용기를 내어 책을 펴낸다. 누군가 또 다른 소재와 관점으로 무등산의 이야기를 들려준다면 감사하겠다. 또한 다른 지역 사람들도 그 지역의 이야기를 들려준다면 환영하겠다.

2021년 3월 15일
김선윤

▲ 의재 허백련 동상　　　　▲ 의재 미술관　　　　　　　　▲ 춘설헌

▲ 용아 박용철 생가　　　　　　　▲ 용아 영랑 시비

▲ 정율성　　▲ 정율성 거리 전시관　　　　▲ 정율성 생가

참고도서

- 박명희, 『박상의 생각, 한시로 읽다』, 온샘, 2017년
- 강경숙, 『한국 도자사의 연구』, 시공사, 2000년
- 박기용, 『진주의 누정문화』, 월인, 2010년
- 정민호, 『김삿갓 시집』, 명문당, 2017년
- 이재오, 『한국 학생운동사(1945~1979년)』, 파라북스, 2011년
- 장우권 외 7인, 『일제강점기 학생독립운동 연구현황』, 동인출판문화원, 2014년
- 전지영, 『임방울』, 을유문화사, 2010년
- 김덕진, 『소쇄원 사람들』, 다할미디어, 2007년
- 김덕진, 『소쇄원 사람들2』, 도서출판 선인, 2011년
- 권혁명, 『석천 임억령과 식영정 시단』, 월인, 2010년
- 홍영기 외 3인, 『호남의병열전』, 상상창작소 봄, 2019년
- 김화성, 『전라도 천년』, 맥스미디어, 2018년
- 김영헌, 『김덕령 평전』, 도서출판 향지사, 2006년
- 김덕진, 『전쟁과 전라도 지역사』, 도서출판 선인, 2018년
- 무등역사연구회, 『전라도 역사 이야기』, 도서출판 선인, 2013년
- 남성숙, 『호남사람 이야기』, 광주매일신문, 2009년
- 『문화유산 기초자산 보고서』, 광주광역시 북구, 2000년
- 『무등산 옛길 스토리텔링』, 광주광역시, 2010년

사진출처

김선윤, 김정현, 상상창작소 봄, 국립중앙박물관, 국립광주박물관, 광주역사민속박물관, 순천대학교 박물관, 성보문화재연구원, 5·18기념재단, 통도사 성보박물관

무등산일기

발 행 일	2021년 3월 15일	
글	김선윤	
그 림	최진우	
디 자 인	상상창작소 봄	
인 쇄	형제인쇄	
펴 낸 이	김정현	
펴 낸 곳	상상창작소 봄	

등록 | 2013년 3월 5일 제2013-000003호

주소 | (62260)광주광역시 광산구 월계로 117-32, 상가 1동 204호

전화 | 062) 972-3234 팩스 | 062) 972-3264

이메일 | sangsangbom@hanmail.net

페이스북 | facebook.com/sangsangbom

인스타그램 | @sangsangbom

블로그 | blog.naver.com/bombooks

I S B N   979-11-88297-37-5